Anja Kühner

Region Bad Hersfeld-Rotenburg
Der Erlebnisführer für die Region zwischen Fulda, Werra, Knüll und Rhön

2. Auflage

Ott-Verlag

Inhaltsverzeichnis

Impressum / Vorwort 4

Städte & Gemeinden

Die Region stellt sich vor 6
Gemeinde Alheim 8
Lützelstrauch & Kerntäler 11
Stadt Bad Hersfeld 12
Bad Hersfelder Festspiele 18
Lullusfest 20
Stadt Bebra 24
Gemeinde Breitenbach a. Herzberg 28
Gemeinde Cornberg 30
Doline bei Rockensüß 32
Gemeinde Friedewald 34
Dreienberg 38
Gemeinde Hauneck 40
Marktgemeinde Haunetal 44
Moor bei Wehrda 46
Stadt Heringen 50
Das Land der weißen Berge 51
Gemeinde Hohenroda 58
Ausbacher Rotapfel 60
Gemeinde Kirchheim 62
Gemeinde Ludwigsau 66
Gemeinde Nentershausen 70
Gemeinde Neuenstein 74
Marktgemeinde Niederaula 78
Marktgemeinde Philippsthal 82
Gemeinde Ronshausen 86
Stadt Rotenburg a. d. Fulda 90
Gemeinde Schenklengsfeld 96
Gemeinde Wildeck 100
Rhäden 101
Schnellsuche(n) – schnell finden! 104

Touren

Bauernbarock-Tour 120
Burgen- & Schlösser-Tour 124
Fachwerk-Tour 130
Kali-Tour 134
Grenz-Tour 138
Baum-Tour 142
Friedhofs-Tour 146
Motorrad-Tour 150

INHALT

Bekannte Persönlichkeiten

Konrad Duden 152
Konrad Zuse 153
Wildecker Herzbuben 154
Frederik Berger 155
Adam von Trott zu Solz 156
Kurzinterviews
  Holk Freytag 157
  Friedrich Christian Delius 158
  Manuela Schmermund 160

Service

Aktivitäten von A–Z 162
Museen 198
Märkte & Feste 208
Restaurants, Gaststätten, Kneipen 214
Übernachtung 224
Wichtige Adressen 232
Literatur- & Musiktipps 234

Register 236
  Top-10-Highlights 239

Zeichenerklärung

Tipps für Kids

Ausflugsziel

Unterhaltung/Feste

Wandern/Spazieren

Museum/Kirche

Wasseraktivitäten

Wildpark/Tiere

Sport/Fitness

Impressum / Vorwort

Bildnachweis:

Titelfoto: Gerhard Launer WFL-GmbH, Schießhausstraße 14, 97228 Rottendorf, Tel.: 0 93 02-90 81-0, Fax: 0 93 02-90 81-41

Dank gebührt den folgenden Personen und Organisationen für das kostenlose Überlassen von Bildern:
Tobias Busch (129, 138, 140, 141, 196); Everword Breede (34); Thomas Ellenberger (41, 142, 145); Holk Freytag (157); Michael Götzner (137, 206); Olga Grewe (8, 24, 31, 58, 68, 90, 100, 130, 132, 144, 148, 173, 193, 208); Thomas Keßler (67); Anja Kühner (9, 13, 14, 25, 29, 30, 36, 40, 42, 44, 45, 50, 60, 62, 66, 71, 72, 74, 75, 76, 78, 80, 82, 83, 84, 86, 87, 91, 94, 97, 102, 120, 123, 124, 128, 131, 143, 146, 149, 150, 151, 152, 158, 162, 163, 178, 194, 198, 201, 210, 212); Christian Kunert (11, 19, 20, 46, 47, 51, 52, 54, 96, 98, 99, 125, 133, 134, 135, 136, 147, 180, 192); Daniel Lampp (37, 53, 92, 126, 127, 175); H.-Jürgen Meinen (103); Dung Dang Nguyen (35); Berndt Rudpolph (122); Manuela Schmermund (160); C. H. Schmidt (89); Karl Schönholtz (155); Max Schüren (55); Marcel Staedeli (5); Christine Sturm-Kunert (38); Winfried Wagner (12); Sigrid Wetterau (70); Stefan Zaenker (32); Horst Zuse (153)
Drachenclub Waldhessen (213); Gemeinde Niederaula (79); Gemeinde Ronshausen (88); Judaica Museum (207); Kanusport Vöhl (170); Kurbetrieb Bad Hersfeld (16, 190); muzkkka – Museum für zeitgenössische Kunst, Kultur und Karikatur (205); Ökologisches Schullandheim Licherode (10); Stadt Bebra (26); Stiftung Adam von Trott (156); Touristik-Service Kirchheim (63, 64); ultraviolett kommunikation & design gmbh (18); Verkehrs- und Kulturamt Rotenburg/F. (93); Wildecker Herzbuben (154); Wirtschaftsförderung Hersfeld-Rotenburg (28)

Die Zusammenstellung der Adressen im Bereich Service stellt lediglich eine Auswahl dar und erhebt keinerlei Anspruch auf Vollständigkeit. Anregungen sind willkommen unter der E-Mail-Adresse: erlebnisfuehrer@arcor.de

Landkreis Hersfeld-Rotenburg
Der Erlebnisführer für die Region
zwischen Fulda, Werra, Knüll und Rhön
2. Auflage 2009
ISBN 3-9806842-7-X

Autorin: Anja Kühner
Layout & Gestaltung: ekwdesign, Bad Hersfeld,
Internet: www.ekwdesign.de

Druck: Hoehl-Druck, Bad Hersfeld,
Internet: www.hoehl-druck.de
Printed in Germany

VORWORT

Anja Kühner, Jahrgang 1967, Abitur in Bad Hersfeld, Jurastudium in Bayreuth und Lausanne/ Schweiz. Freie Mitarbeit bei „Radio Mainwelle" in Bayreuth und Hospitanz bei „Noticias" in Argentinien. Volontariat in der Axel Springer Journalistenschule. Redakteurin der Welt am Sonntag in Dresden und Berlin und in einer PR-Agentur, Online-Redakteurin bei Wirtschaftswoche und Handelsblatt News am Abend. Autorin des Buchs „Das Medien-Lexikon".

Fünf Jahre sind ins Land gegangen seit der ersten Auflage des Erlebnisführers. Und in der Zwischenzeit hat sich einiges verändert. Zwei Wanderwege haben nun offiziell das Siegel, zu den schönsten in Deutschland zu gehören: die Extratour Ronshausen und der Eisenberg Siegelweg. Fulda- und Werraradweg zählen inzwischen zu den beliebten deutschen Fernradwegen. Überhaupt werden die touristischen Angebote der Region verstärkt überregional eingebunden.

Begeben Sie sich einen Tag lang auf die Spuren des Kalibergbaus, bewundern kunsthistorisch einmalige Bauernbarock-Kirchen, erkunden malerische Fachwerk-Orte und sehenswerte Friedhöfe. Erinnern Sie sich an die Unmenschlichkeit der deutschen Teilung und spüren beeindruckende Bäume auf.

Erleben Sie die vielfälltigen Schönheiten dieser unterschätzten Region in der Mitte Deutschlands!

Die Region stellt sich vor ...

Im Herzen Deutschlands gelegen spiegelt der Osten Hessens die Geschichte des ganzen Landes und sogar Europas wider.

Spuren von Kelten belegen die frühzeitliche Besiedlung der Region. Während die Römer den Süden Deutschlands besetzten, widerstanden ihnen die mittelhessischen Germanenvölker. Der römische Geschichtsschreiber Tacitus zollte den auch im heutigen Osthessen lebenden Chatten Hochachtung für ihren Mut, regsamen Geist, ihre Disziplin und auch das militärische Organisationsgeschick.
Gegen Ende des 5. Jahrhunderts gerieten die chattischen Gebiete immer stärker unter fränkischen Einfluss. Die wegen ihrer bedeutenden dichten Buchenwälder auch „Buchonia“ genannte Region diente als Ausgangsbasis für Kriegszüge gegen die nördlich siedelnden Sachsen, bewahrte aber eine Teilautonomie.

Die Franken erlaubten irischen Mönchen das Missionieren. Einer der bekanntesten christlichen Missionare war Bonifatius. Er fällte die den Germanen heilige Donar-Eiche in der Nähe von Fritzlar, woraufhin diese zum Christenum übertraten. Bonifatius brachte es bis auf den Erzbischofsstuhl von Mainz.

Sein Schüler Lullus gründete ein Kloster in Hersfeld. Die Reichsabtei bestand mehr als 800 Jahre lang. Das Benediktinerkloster berherbergte Könige, die mit ihrem großen Gefolge durch die Lande reisten und monatelang in den jeweiligen Orten residierten. Bevor König Heinrich IV. im Jahr 1077 mit seinen sprichwörtlichen Gang nach Canossa den Lauf der Geschichte änderte, weilte auch er mitsamt seinem Tross mehrfach im Kloster Hersfeld; sein Sohn Konrad wurde hier geboren.

Schon immer war der Warentransport wichtig. Von Ost nach West querte die alte Handelsstraße zwischen Frankfurt und Leipzig, die „Kurzen Hessen“, die Region.

Weitere Informationen:
Wirtschaftsförderungsgesellschaft für den Landkreis Hersfeld-Rotenburg mbH
Leinenweberstraße 1
36251 Bad Hersfeld

Tel.: 0 66 21-94 41 10
Fax: 0 66 21-94 41 01
E-Mail:
buero@wfg-hef-rof.de
Internet:
www.wfg-hef-rof.de

Der Aufenthalt Martin Luthers in Hersfeld markiert den eigentlichen Beginn der Reformation. Auf dem Rückweg vom Reichstag zu Worms nächtigte er im Schloss Eichhof und vom 30. April bis 3. Mai 1521 weilte er als Gast des Abtes im Kloster. Am 1. Mai predigte er vor dem Konvent in der Stiftskirche, obwohl eine der Bedingungen Karls V. für Luthers freies Geleit war, „nicht predigen, schreiben, noch in anderen wege das volk regig machen". Auf seiner Weiterreise wurde er in der Wartburg bei Eisenach als Junker Jörg in Schutzhaft genommen und übersetzte dort die Bibel ins Deutsche.

Die Brüder Grimm fanden nach ihrer Flucht aus Göttingen einige Monate lang bei ihrer Schwester in der Nähe von Bebra Zuflucht. Konrad Duden prägte aus Hersfeld heraus mit seinem „Orthographischen Wörterbuch" die deutsche Sprache. Und Konrad Zuse erfand zwar in Berlin die erste Rechenmaschine der Welt. Die Fabrik für die Vorläufer der heutigen Computer baute er nach seiner Flucht aus der zerbombten Hauptstadt jedoch zunächst in Neukirchen und dann in Hersfeld.

Seit mehr als hundert Jahren prägt der Kali-Bergbau mit seinen weißen Bergen das Aussehen der Region. Nach dem zweiten Weltkrieg teilte der Eiserne Vorhang hier die Welt in Ost und West. Aus dem ehemaligen Grenzgebiet wuchs die geschützte Natur im „Grünen Band". Die waldreichste Region Hessens lädt zu Wanderungen und Entspannung ein. Und weltweit tätige Unternehmen wie Amazon und GLS sind überzeugt, dass als Logistikstandort nichts besser geeignet ist als die Mitte Deutschlands.

Weitere Informationen:
NordHessen Touristik
Humboldtstraße 4
34117 Kassel

Tel.: 05 61-70 94 90
Fax: 05 61-70 94 94-0
E-Mail:
info@nordhessen.de
Internet:
www.nordhessen.de

Gemeinde Alheim

Auf dem Kirchhof dürfen die Hühner wie eh und je frei herumlaufen.

Externe Projekte der Expo 2000 machten Alheim weit über Osthessen hinaus bekannt. Zum Projekt „Dorf 2000 – Beispiele nachhaltiger Landentwicklung" kamen in den fünf Expo-Monaten etwa 35.000 Besucher zu rund 80 Veranstaltungen allein nach Oberellenbach und sahen sich dort unter anderem den ökologischen Bauernhof Kirchhof und die Töpferei an.

Ein „Bergbauhistorischer Rundwanderweg" führt nahe Oberellenbach nicht nur zu den Spuren des einstigen Schwerspat- und Kupferschieferabbaus, sondern auch zu dem neuen Solarpark.

Unauffällig fügen sich die Objekte der „AG Kunst in der Landschaft" in das Gemeindegebiet ein. Durch einen Erdfall ist im Wald ein kleiner, kreisrunder Bergsee entstanden.

Seit Herbst 2003 dreht sich das Wasserrad der Riedmühle wieder, die zwischen Ober- und Niederellenbach liegt. Das privat bewohnte Mühlhaus der liebe-

Weitere Informationen:
Gemeindeverwaltung Alheim
Alheimer Straße 2
36211 Alheim

Tel.: 0 66 23-92 00-0
Fax: 0 66 23-92 00 40
E-Mail:
gemeinde@alheim.de
Internet:
www.alheim.de

Riedmühle
zwischen Ober- und
Niederellenbach

voll restaurierten einstigen Schrotmühle stammt aus der Mitte des 18. Jahrhunderts. Eine Mühle an dieser Stelle wurde 1305 erstmals urkundlich erwähnt.

Sehenswert sind die Wehrkirchhöfe in Ober- und Niederellenbach, wo die Kirche mit dem vermutlich ältesten Mauerwerk des Altkreises Rotenburg steht.

Für den kulturhistorischen Wanderweg rund um den Heineberg wurde Heinebach mit dem Förderpreis für hessische Heimatgeschichte ausgezeichnet. Ausgrabungen einer Siedlung aus der Bronzezeit und Reste einer karolingischen Befestigungsanlage bestätigen die 1200-jährige Geschichte des Ortes.

Die Herren von Baumbach verkauften ihre Güter 1259 an die Abtei Hersfeld. Später erhielten sie die Ländereien als Lehen zurück. Ihre Burg bauten die Ritter in Nentershausen.

Ausflugs-Tipp:
Der Kirchhof – Godehart Hannig
An der Kirche 6
36211 Alheim-Oberellenbach

Tel.: 0 56 64 - 17 98
E-Mail:
gh@kirchhof-oberellenbach.de
Internet:
www.kirchhof-oberellenbach.de

Gemeinde Alheim

Im ökologischen Schullandheim Licherode spielen Kinder in den Baumnestern.

Hergershausen mit seinem noch vollständig aus Fachwerkhäusern bestehenden Ortskern ist das Tor zum Gudegrund.

Wasser in seiner Vielgestalt von der Quelle bis zur Mündung erlebbar zu machen, hatte ein von der Gesamthochschule Kassel ausgearbeitetes Konzept für das Gudetal zum Ziel.
Zu jeder Jahreszeit fasziniert das nasse Element entlang des Gudebachs. Der Wasser-Erlebnispfad beginnt mit dem Quellbiotop an den Flachsrösten nordöstlich von Obergude. Die ausgezeichnete Jugend-Naturschutzgruppe „Die Wiesel" hat als Teil dieses Pfades in Niedergude den „Wieselplatz" so gestaltet, dass die Wasserkraft im Mittelpunkt steht: Ziehbrunnen, archimedische Schraube, Wasserrad – was pädagogisch wertvoll klingt, macht aber Kindern ungeheuren Spaß.
Interessante Erfahrungen bieten der Barfuß-Pfad und die Tasthöhlen.

Das ökologische Schullandheim Licherode, das außer Schulgruppen auch Fami-

Aktivitäten-Tipp:
Töpferei Geißler
Zur Kirche 2
36211 Alheim-Oberellenbach

Tel.: 0 56 64-77 82
E-Mail:
toepferei-geissler@t-online.de
Internet:
www.toepferei-geissler.de

Große Felder voller Sonnenblumen wachsen in der Nähe von Heinebach.

lien nutzen können, verfolgt einen ganzheitlichen, ökologieorientierten Ansatz. Lehrbiotop, Streuobstwiese und Kinderwerkstatt ermöglichen praxisorientierte Umwelterziehung. Der Wald-Wunder-Weg bietet Wald-Xylophon, Baumtelefon Sprunggrube und eine Spiegelkonstruktion, die zeigt, wie Insekten sehen.

In Sterkelshausen kann man dem Korbflechter Pfetzing bei seinem kunstvollen Handwerk zuschauen.
Der Schmiedegarten ist ein liebevoll umhegter Privatgarten, den man in Erdpenhausen besuchen kann.

Lützelstrauch & Kerntäler

In das Dreieck zwischen Alheim-Baumbach, Oberellenbach und Sterkelshausen lädt das Landschaftsschutzgebiet Lützelstrauch ein. Durch die immensen Wacholderheiden führen Wanderwege auch nach Ludwigseck. Auf Waldwegen kann das geschlossene Misch- und Laubwald-Naturschutzgebiet Kerntäler in der Gemarkung Licherode erkundet werden.

Aktivitäten-Tipp:
Korbmacher Horst Pfetzing
Am Kringels 3
36211 Alheim-Sterkelshausen

Tel.: 0 66 23-77 76
Fax: 0 66 23-4 33 63
Internet:
www.korbmacher.de

Stadt Bad Hersfeld

Die Theater-Aufführungen in der Stiftsruine beeindrucken durch ihre Qualität und eine einmalige Atmosphäre.

In der größten romanischen Kirchenruine nördlich der Alpen, der Stiftsruine, finden alljährlich im Sommer die Bad Hersfelder Festspiele statt. Die Aufführungen unter freiem Himmel zählen zum renommiertesten Sommertheater Deutschlands.

Lullus, der Bonifatius-Schüler und Nachfolger auf dem Mainzer Bischofsstuhl, stiftete im Jahr 769 ein Benediktinerkloster, das die Grenze zu Sachsen sichern sollte. Die aus frühromanischer Zeit stammende kreuzförmige Großbasilika ist ein sichtbares Zeichen der langen und bewegten Geschichte der Stadt. Vor dem Rathaus steht die Brunnenstatue des Stadtgründers. Lullus starb in Hersfeld. Zu Ehren seines Todestages feiern die Hersfelder jedes Jahr Mitte Oktober das heute älteste Volksfest Deutschlands, das Lullusfest.

Die Hersfelder Bürger errichteten im 14. Jahrhundert die gotische Stadtkirche. Ihr Turm überragt noch heute das weitgehend mittelalterliche Stadtbild und zum

Weitere Informationen:
Tourist-Information
Bad Hersfeld e.V.
Am Markt 1
36251 Bad Hersfeld

Tel.: 0 66 21-20 11 11
oder 20 12 74
Fax: 0 66 21-20 12 44
E-Mail:
info@bad-hersfeld.de

Internet:
www.bad-hersfeld.de

Buntes Treiben am Wochenmarkt auf dem Linggplatz

Wahrzeichen Hersfelds wurde. Selbstbewusst traten die Bürger der Stadt den Äbten gegenüber, was sich 1378 auch im Sieg über die Sternerritter in der Vitalisnacht äußerte. An seiner ursprünglichen Stelle in der Parkmauer hinter dem Finanzamt markierte das Vitaliskreuz die Stelle, an der die Bürger den Angriff abwehren konnten. Heute ist es im Stadtmuseum im Kapitelsaal des alten Klosters ausgestellt. Dort ist auch Eberhard von Engerns eiserne Sturmhaube mit ihren durch die tödlichen Armbrustpfeile verursachten Löchern zu besichtigen. Er war der erste Ritter des Sternerbundes, der bei dem Angriff sein Leben lassen musste.

Im Siebenjährigen Krieg nutzten die Franzosen die Klosterkirche als Materiallager. Bei ihrer überstürzten Flucht 1761 zündeten sie die drinnen lagernden Essens- und Strohvorräte an – gewaltige Mehlstaubexplosionen ließen das Kirchendach einstürzen, noch Monate später sollen Flammen aus den Brandnestern geschlagen sein, die Klosterkirche wurde zur Ruine.

Restaurant-Tipp:
Das Bootshaus
Auf der Unteraue 1
36251 Bad Hersfeld

Tel.: 0 66 21-7 96 98 33
E-Mail:
info@das-bootshaus.de
Internet:
www.das-bootshaus.de

Öffnungszeiten:
Mo. 17.00 – 1.00 Uhr,
Di. – Do., So. 10.00 – 1.00 Uhr,
Fr. und Sa. 10.00 – open end,
Frühstück und warme Küche
bis 23.00 Uhr

Stadt Bad Hersfeld

Vor dem Rathaus steht der Lullusbrunnen, im Hintergrund der Turm der Stadtkirche.

Im Katharinenturm hängt Deutschlands älteste gegossene Kirchenglocke, die noch gegenwärtig Verwendung findet. Sie stammt aus dem Jahr 1038 und sie kündigt mit ihrem Geläut jedes Jahr den Beginn des Lullusfestes an.

Am Marktplatz zeugen die Patrizierhäuser aus gotischer Zeit mit ihren Renaissance-Giebeln und die Fachwerkhäuser von der letzten Baublüte des Hersfelder Klosters. Um den Linggplatz stehen die ältesten Wohnhäuser Bad Hersfelds, manche Keller sind mehr als 1250 Jahre alt.

Das gotische Rathaus von 1371 wurde kurz nach 1600 im Stil der Weserrenaissance umgestaltet, um das Fachwerkgeschoss aufgestockt und erhielt seine schmückenden Steingiebel. Vor das spitzbogige Hauptportal wurden Säulen gestellt und ihnen ein Renaissance-Giebel aufgesetzt – das ursprünglich gotische Tor lugt dazwischen hervor.

Auf Befehl Napoleons sollte Hersfeld 1807 eingeäschert werden. Der badische

Ausgeh-Tipp:
Buchcafé
Badestube 20
36251 Bad Hersfeld

Tel.: 0 66 21-7 96 54 85
Fax: 0 66 21-7 96 54 86
E-Mail:
buchcafe@gmx.de
Internet:
www.buchcafe-badhersfeld.de

Büroöffnungszeiten:
Mi. 14.00 – 17.00 Uhr

Kartenvorbestellung:
Do., Fr. und Sa. ab 19.00 Uhr
in der Kneipe oder per Telefon

Oberstleutnant Lingg folgte jedoch dem Wortlaut des Befehls und zündete lediglich die vier an den Ecken der Stadt alleinstehenden Häuser an. Diese brannten nieder, ohne dass das Feuer auf die restliche Stadt übergriff. Mit dem Lingg-Denkmal vor dem Eingang zum Stiftsbezirk gedenkt die Stadt ihrem Retter.

Von der einstmals die komplette Innenstadt umrundenden Stadtmauer sind nur noch einige Reste sichtbar – unter anderem einer der Wachtürme, der im Jahr 1988 renovierte Klausturm. Die beiden Teiche im Stadtpark sind die Reste des früheren Stadtgrabens.

Die Alte Klosterschule am Neumarkt trägt heute den Namen ihres berühmtesten Direktors: Konrad-Duden-Schule. Einen Einblick in Dudens Schaffen während seiner Hersfelder Zeit gibt das Konrad-Duden-Museum in seinem ehemaligen Wohnhaus.

Etwa drei Kilometer südlich von Bad Hersfeld liegt der Eichhof. Hersfelder

Hotel-Tipp:
Romantik-Hotel zum Stern
Linggplatz 11
36251 Bad Hersfeld

Tel.: 0 66 21-18 90
Fax: 0 66 21-18 92 60
E-Mail:
info@ZumSternHersfeld.de
Internet:
www.zumsternhersfeld.de

Öffnungszeiten:
Mo. – Fr. 9.00 – 12.00 Uhr
und 14.00 – 16.00 Uhr

Stadt Bad Hersfeld

Im Kurhaus können Besucher das Heilwasser von Lullus- und Vitalisquelle trinken.

Äbte errichteten zwischen 1328 und 1372 ein Wasserschloss als Trutzburg gegen die Hersfelder Bürger, die sich gegen die Herrschaft der Kirche auflehnten. Bei einem Umbau zum Jagdschloss wurden um 1580 der Renaissance-Giebel und das Fachwerkgeschoss hinzugefügt.

Auf dem Weg vom Reichstag in Worms zur Wartburg wurde Martin Luther auf dem Eichhof von Abt Kuno empfangen und übernachtete vermutlich hier. Das so genannte Lutherzimmer zeugt von diesem Aufenthalt. Heute ist dort das Hessische Dienstleistungszentrum für Landwirtschaft, Gartenbau und Naturschutz untergebracht. Im Sommer bildet der Innenhof des Eichhof die Kulisse für Theateraufführungen im Rahmen der Bad Hersfelder Festspiele.

Seit 1949 trägt die Stadt das Prädikat „Bad". Die schon seit dem 16. Jahrhundert bekannte heilkräftige Lullusquelle wurde 1904 erbohrt. Die aus 420 Meter tiefem Plattenbasalt geförderte Eisen-

Buch-Tipp:
„Canossa. Aus den geheimen Annalen des Lampert von Hersfeld" von Frederik Berger

Internet:
www.frederikberger.de

Sein fünfter historischer Roman lässt die Einbindung der Region in die europäische Geschichte auf spannende und anschauliche Weise deutlich werden.

und Bittersalze haben gute Heilwirkungen auf Erkrankungen des Magens und des Darms. Das Wasser des Vitalisbrunnens von 1949 ist eher ein Heil- denn ein Genusswasser und hilft bei Leber-, Nieren-, Gallen- und Blasenleiden.

Die Hersfelder schmücken sich mit dem Beinamen „Mückenstürmer". Eines Sommertags im Jahr 1674 sah man am Turm der Stadtkirche eine vermeintliche Rauchwolke. Als die Bürger mit Löscheimern an der Spitze des Turmes angelangt waren, merkten sie, dass es sich um einen Schwarm Mücken handelte. 2003 wurde das Mückenstürmer-Denkmal am Rande des Linggplatzes enthüllt.

Auf das Straßenpflaster sind gelbe Doppelkreuze aufgemalt. Bei der Tourist-Information am Markt gibt es dazu die Broschüre „Historischer Rundgang".

Das Erlebnisbad Aqua-Fit lädt ganzjährig zum Schwimmen und Planschen ein und die Kurbad Therme im Kurpark bietet entspannende Wellness-Erlebnisse. Das moderne Freizeitareal Jahnpark offeriert vielfältige Betätigungsmöglichkeiten.
Bei Sorga wurde der Solztal-Kinderweg eingerichtet. Auf zwei Kilometern Länge wechseln sich Spielgelegenheiten mit Infotafeln zum Leben der Tiere in Wald und Bachaue ab.

Aus Fulda kommend führt der Fulda-Radweg am Schloss Eichhof vorbei durch Bad Hersfeld.

Mit der Ansiedlung von Amazon und Libri entwickelte sich Bad Hersfeld nach der Wiedervereinigung zu einem Logistikzentrum. Als zentrale Einkaufsstadt reicht das Einzugsgebiet Bad Hersfelds weit über die Kreisgrenzen hinaus.

Zu Bad Hersfeld gehören auch Allmershausen, Asbach, Beiershausen, Hohe Luft, Heenes, Johannesberg, Kalkobes, Kathus, Kohlhausen und Petersberg.

Schlechtwetter-Tipp:
Kurbad Therme
Kurpark
36251 Bad Hersfeld

Tel.: 0 66 21-79 50 90
Fax: 0 66 21-7 95 09 21
E-Mail:
info@kurverwaltung-badhersfeld.de
Internet:
www.kurverwaltung-badhersfeld.de

Bad Hersfelder Festspiele

Beeindruckende Lichteffekte lassen die Stiftsruine während der Theater-Festspiele in einzigartigem Licht erstrahlen.

„Bad Hersfeld, das Salzburg unter den deutschen Freilichtorten, sorgt (...) für ausverkaufte Ränge und die größte Resonanz im überregionalen Blätterwald." So schwärmte „Die Welt" am 4. Juni 2004. Die Bad Hersfelder Stiftsruine gehört zu Deutschlands eindrucksvollsten Open-Air-Bühnen, an denen Theater gespielt wird. Seit 1951 engagieren die Organisatoren der Bad Hersfelder Festspiele in der Sommerpause der großen Theater berühmte Schauspieler. Unvergessene Namen wie Lil Dagover und Attila Hörbiger gehörten damals dazu, später Theo Lingen, Götz George, Walter Giller, Volker Lechtenbrink, Will Quadflieg. Auch Mario Adorf und Jutta Speidel gaben sich ein Stelldichein. Musical-Stars wie Helen Schneider und Anna Montanaro sorgten für ausverkaufte 1.630 Plätze in der Ruine. Die Akustik der größten romanischen Kirchenruine nördlich der Alpen beeindruckt, denn selbst in der hintersten Reihe sind die Schauspieler gut zu hören – wenn nicht gerade ein Schwarm Vögel lärmend über die Ruine fliegt. In puncto künstlerischer

Weitere Informationen:
Kartenzentrale
Am Markt 1
36251 Bad Hersfeld

Tel.: 0 66 21-20 13 60
Fax: 0 66 21-20 13 37
E-Mail:
kartenzentrale@bad-hersfeld.de

Internet:
www.bad-hersfelder-festspiele.de
und www.oper-hersfeld.de

Maskenträger zur offiziellen Eröffnung der Bad Hersfelder Festspiele

Qualität und Perfektion der Produktion halten die Aufführungen jeden Vergleich mit internationalen Freilichttheatern wie Bregenz, Avignon oder Spoleto stand. Diese beständig hochkarätige Leis-tung ließ die Bad Hersfelder Festspiele zu einem wesentlichen Teil der europäischen Kulturlandschaft werden. Meist stehen zwei klassische Schauspiele, eine Komödie und ein Musical auf dem Programm.

Die Schauspieler hautnah erleben kann man nach der Aufführung in der Festspielkantine. Auch das Freilichttheater im Schloss Eichhof ist eine reguläre Spielstätte der Bad Hersfelder Festspiele.

Nach der Theaterzeit bringt der Arbeitskreis für Musik seit 1981 jedes Jahr zwei Opern in die Stiftsruine. Unter anderem erfreuten die Zauberflöte, Carmen, der Troubadour schon die Opernliebhaber.

Ab der Saison 2010 ist Holk Freytag Intendant der Bad Hersfelder Festspiele. Ein kurzes Interview mit ihm finden Sie auf Seite 157.

Lokal-Tipp:
Festspielkantine
Im Stift 5
36251 Bad Hersfeld

Tel.: 0 66 21-79 57 70
Fax: 0 66 21-5 15 00
E-Mail:
info@festspielkantine.de
Internet:
www.sportlereck-bad-hersfeld.de

Öffnungszeiten:
Von Mai – Aug. in erster Linie für das Festspielensemble da, andere Gäste sind natülich auch willkommen.
Von Sept. – April ist es ein Weinlokal, wo man auch etwas essen kann.

Lullusfest

Nachtimpression vom Lullusfest, dem ältesten deutschen Volksfest.

„Enner – zwoon – drääi – Bruuuder Lolls!" Mit diesem Ruf starten die Hersfelder in die Lollswoche. Seit 852 erinnern sie mit dem ältesten Volksfest Deutschlands an den Todestag ihres Stadtgründers Erzbischof Lull, eines Schülers von Bonifatius – jedes Jahr in der Woche des 16. Oktober. Am Vorabend wird die Lullusglocke geläutet, die im Katharinenturm hängt. Sie wurde im Jahr 1038 gegossen und gilt als älteste noch verwendete Glocke Deutschlands. Am Lollsmontag um Punkt 12 Uhr eröffnet der Bürgermeister das Fest, zu dem knapp eine halbe Million Besucher kommt.

Das Lullusfeuer wird feierlich angezündet – eine Tradition, die bis zum Ende des 16. Jahrhunderts zurückreicht. Ursprünglich loderten die Flammen des „Fierche" als Symbol für die „Lullusfreiheit", die Befreiung von gemeindlichen Steuern. Danach führt der Festumzug durch die Innenstadt. Mittwochs werden auf dem großen Krammarkt, dem „Dippemarkt", mehr als nur Töpfe feilgeboten.

Weitere Informationen:
Magistrat der Kreisstadt
Bad Hersfeld
Landecker Straße 11
36251 Bad Hersfeld

Tel.: 0 66 21-20 14 90
Fax: 0 66 21-20 14 88
E-Mail:
lullusfest@bad-hersfeld.de
Internet:
www.lullusfest.de

NAXOS-restaurant
TEL.06621-77776
06621-77326
AM MARKT 37-36251 BAD HERSFELD
WWW.NAXOS-BAD-HERSFELD.DE

WILHELM TELL
CARMEN
EIN DEUTSCHES MUSICAL
SOMMERGÄSTE
DIE BRÜDER LÖWENHERZ
MAN SPIELT NICHT MIT DER LIEBE
WIEDERAUFNAHME DES KULTMUSICALS
WEST SIDE STORY
SECHZIGSTE SPIELZEIT
12. JUN. BIS 8. AUG. 2010
TICKET-HOTLINE (06621) 201360
www.bad-hersfelder-festspiele.de
BAD HERSFELDER FESTSPIELE
EURO POLIS 2050
BAD HERSFELD
KUR- UND FESTSPIELSTADT

Stadt Bebra

Der Wasserturm beherbergt das Eisenbahnmuseum.

Erstmals erwähnt wurde das Dorf am Biberfluss („Biberaho") im Jahr 769 in einer Schenkungsurkunde an das Kloster Hersfeld. Die Namensgeber finden sich nicht nur im Stadtwappen wieder, auch im kleinen Stadtpark steht ein Biberdenkmal.

Zum ersten Mal fuhr ein Zug im Januar 1849 in die Eisenbahnstation Bebra ein. Danach änderte die Stadt ihr Gesicht. Landwirtschaft, Flachsbau und Leineweberei wurden von der Eisenbahn verdrängt. In der Mitte Deutschlands gelegen war Bebra der Bahn-Knotenpunkt und zentraler Umsteigebahnhof. In der Zeit des Kalten Kriegs war Bebra Grenzbahnhof. Seit die ICE-Strecke von Kassel nach Fulda Bebra jedoch links liegen lässt, hat Bebra seine frühere Bedeutung im Bahnverkehr eingebüßt. Als Wahrzeichen der Stadt erinnert der 1910 errichtete Wasserturm an die Hochzeiten der Bahn. Das kegelstumpfförmige technische Denkmal mit Kugelbehälter beherbergt seit 1988 das Eisenbahnmuseum. Um das Wasserturmgelände fährt auf rund 700 Metern

Weitere Informationen:
Magistrat der Stadt Bebra
Rathausmarkt 1
36179 Bebra

Tel.: 0 66 22-50 10
Fax: 0 66 22-50 10
E-Mail:
hauptundpersonalamt@bebra.de
Internet:
www.bebra.de

Sprechzeiten:
Mo. – Fr. 8.00 – 12.00 Uhr,
Mo. 14.00 – 17.30 Uhr,
Do. 14.00 – 17.00 Uhr

Das Biberdenkmal im Stadtpark in Bebras Innenstadt.

Gleisstrecke der „Wasserturm-Express", eine 600-mm-Museums-Feldeisenbahn. Das Herz aller Bahnfans höher schlagen lassen die von den Eisenbahnfreunden Bebra organisierten historischen Nikolausfahrten.

In den deutschen Geschichtsbüchern hat sich der Name des Bebraer Ortsteils Solz durch den Namen Adam von Trott zu Solz verewigt. Das Trottenhaus mit zugehörigem Gutshof wird heute noch von Mitgliedern der Familie bewohnt.

Aus der ehemaligen Kupferschmelzanlage der Friedrichshütte bei Iba wurde das Kupfer für das Wahrzeichen von Kassel, den Herkules, geliefert. Die Schwester der Brüder Grimm hatte den Leiter der Friedrichshütte geheiratet. Daher fanden Wilhelm und Jacob Grimm hier für einige Monate Zuflucht, nachdem sie 1837 als Mitglieder der Göttinger Sieben (Professoren) gegen der freiheitlichen Verfassung von 1833 durch König Ernst August II. von Hannover protestierten. Daraufhin waren sie entlassen worden.

Museums-Tipp:
Eisenbahnmuseum
Am Wasserturm 1
36179 Bebra

Tel.: 0 66 23 - 79 64
Fax: 0 66 23 - 79 64
E-Mail:
info@.ef-bebra.smb-webhosting.de
Internet:
www.ef-bebra.de

Öffnungszeiten:
April – Sept., 1. So. im Monat, am 3. Okt. 10.00 – 17.00 Uhr, Halloweenfahrt am 31. Okt. und Nikolausfahrt am 6. Dez., Sonderfahrten nach Absprache. Eintritt frei.

Stadt Bebra

Bei Wind ziehen die weißen Segel der Segler und Surfer über die Breitenbacher Seen.

Jacob Grimm musste innerhalb von drei Tagen das Land verlassen. Nach ihrem Asyl auf der Friedrichshütte ging Wilhelm Grimm nach Frankfurt und wirkte an der Paulskirchenverfassung mit.

Adam Wilhelm Erdinger war zwischen 1720 und 1740 Landesbaumeister und errichtete im Auftrag des Landgrafen die sehenswerte Barockkirche in Weiterode. Er war auch verantwortlich für den Bau der Barockkirchen in Hohenroda-Ausbach und Ludwigsau-Mecklar.

Vor einigen Jahren gründete sich in Weiterode ein Kulturverein, der den traditionellen Festsaal hinter der Dorfkneipe wieder mit Leben füllt. Mit Hilfe von EU-Fördermitteln kaufte und renovierte die Stadt Bebra das Gebäude. Heute wird in „Ellis Saal" ein breit gefächertes Kulturprogramm veranstaltet. (www.ellissaal.de)

Auf dem rund elf Kilometer langen Naturerlebnisweg bei Iba lassen sich unter anderem ein Bienen-Schaukasten, eine

Restaurant-Tipp:
Friedrichshütte
Friedrichshütte 1
36179 Bebra-Iba

Tel.: 0 66 22-73 02
oder 01 73-9 92 70 51
E-Mail: restaurant@friedrichshuette-iba.de
Internet:
www.friedrichshuette-iba.de

Öffnungszeiten:
Mi. und Do. 14.00 – 22.00 Uhr,
Fr. und Sa. 13.00 – 23.00 Uhr,
So. 10.00 – 22.00 Uhr
durchgehend, ab 10.00 Uhr Frühstücksbuffet

STÄDTE & GEMEINDEN

Duftorgel, ein Insektennisthaus und ein Horchrohr entdecken. In Asmushausen lädt das Wildgehege Elferstaler Teiche zu einem Besuch ein.

Die Breitenbacher Seen sind mit einer Wasserfläche von 17 Hektar die größte Seenfläche im Kreis Hersfeld-Rotenburg. Auf gut markierten Wegen tummeln sich Wanderer, Radfahrer, Läufer und Inline-skater. Regelmäßig laden die Angler zum Fischerfest an den Breitenbacher See. Im dortigen Freizeitzentrum sind auch Segler und Surfer aktiv.

Im alten Ortskern von Solz ist in einem dreigeschossigen Fachwerkhaus eine Spielzeugsammlung ausgestellt.

Auf dem Weltenschlüssel, einer Wiese bei Iba, steigen jeden Herbst zum Drachenfest Flugdrachen, fantastische Flugobjekte und japanische Kampfdrachen in den Himmel.

Durch Hochwasser der Fulda hat sich der Fluss verzweigt, entstanden ist in den vergangenen Jahrzehnten das besonders für Vogelbeobachtungen geeignete Naturschutzgebiet Forbachsee.

Außerdem gehören zu Bebra die Orte Blankenheim, Braunhausen, Breitenbach, Gilfershausen, Imshausen, Lüdersdorf und Rautenhausen.

Gemeinde Breitenbach a. Herzberg

Bewaldete Höhenzüge umgeben die Burg Herzberg, die größte Höhenburg Hessens.

Burg Herzberg ist die größte Höhenburg Hessens. Sie wurde 1265 bis 1298 von Marschall von Romrod erbaut. Während des „Sternerkrieges" lehnte sich 1372/73 ein großer Teil der hessischen Ritterschaft gegen den Landgrafen von Hessen wegen dessen Selbstherrlichkeit auf. Darunter auch Friedrich von Herzberg, der seine Burg zu einem Hauptstützpunkt des „Sternerbundes" machte. Seit 1477 bestimmen die zum hessischen Uradel gehörenden Freiherren von Dörnberg das Geschehen auf der Burg Herzberg. Sie galt als uneinnehmbar und derart sicher, dass Kaiser Maximilian I. 1486 einen Teil der Reichskleinodien – unter anderem das legendäre Einhorn-Schwert – dort aufbewahren ließ. Die ursprünglich als Wehrkirche erbaute Kapelle mit ihren Grabtafeln gehört zum ältesten Teil der Burg. Im Gerichtsturm ist heute die Gerichtsstube nachmöbliert. Seit dem 18. Jahrhundert ist die Burg eine malerische Ruine. Nicht nur der großartige Rundblick zieht immer wieder Besucher in seinen Bann. Die jeden Sommer am letzten Juni- oder ersten

Weitere Informationen:
Gemeinde Breitenbach a. Herzberg
Machtloser Straße 5
36287 Breitenbach a. Herzberg

Tel.: 0 66 75 - 5 51
Fax: 0 66 75 - 5 52
E-Mail:
hauptamt@breitenbach.kgrz-kassel.de

Internet:
www.breitenbach-am-herzberg.de
und www.burg-herzberg.de

Auf diesem Webstuhl aus Gehau wird auf historischen Märkten gewebt.

Juli-Wochenende stattfindenden Ritterfestspiele mit Ritterturnier, Zeltlager und mittelalterlichem Markttreiben locken Historienfans ebenso wie der Mittelalter-Weihnachtsmarkt.

Zu Deutschlands größtem Hippie-Meeting pilgern seit vielen Jahren jeden Sommer die Hippies von heute auf die Burg Herzberg.

Südlich der Burg in den „Schanzen" liegt der Dörnbergsche Waldfriedhof. Noch heute wohnen Mitglieder der Familie von Dörnberg in der Nähe der Burg, die Freiherr-von-Dörnbergsche-Stiftung kümmert sich um den Erhalt der Burganlage.

Beliebt ist das Freizeitzentrum „Silbersee" mit Campingplatz.

Zur Gemeinde Breitenbach gehören auch die Orte Gehau, Hatterode und Machtlos.

Ausflugs-Tipp:
Stiftung Burg Herzberg
Jürgen Frhr. von Dörnberg
(Burghauptmann)
Forsthof Huhnstadt
36287 Breitenbach a. Herzberg

Tel.: 0 66 75-5 12
oder 01 71-3 64 17 86
Fax: 0 66 75-16 34
E-Mail:
stiftung@burg-herzberg.de

Internet:
www.burg-herzberg.de

Über das ganze Jahr finden um und in der Burg die verschiedensten Veranstaltungen und Feste statt.

Gemeinde Cornberg

Sonnenterrasse im Innenhof
des Klosters Cornberg

Cornberg wurde 1938 gegründet und ist damit der jüngste Ort im Kreisgebiet und die einzige Neuansiedlung im Altkreis Rotenburg nach dem 30-jährigen Krieg. In die geplant errichteten Häuser zogen Bergleute des kurhessischen Kupferschieferbergbaus ein, der auf Beschluss der Reichsregierung von 1934 im Richelsdorfer Gebirge wieder aufgenommen wurde. Sie fuhren zur Arbeit zum Schacht Schnepfenbusch bei Bauhaus. Doch Cornbergs Geschichte reicht weiter zurück, wie die imposanten Sandsteinmauern des Klosters Cornberg bezeugen. Bereits 1292 bis 1296 wurde ein Benediktiner-Nonnenkloster erbaut. Mit der Reformation wurde das Kloster 1526 säkularisiert und diente als landwirtschaftliches Gut. Mehr als 200 Jahre lang war es landgräflich-fürstliche Vogtei und zugehörig zur Rotenburger Quart, ehe es 1834 zur hessischen Staatsdomäne wurde. Als die-se 1960 aufgelöst wurde, begann der Verfall. 1973 wurden die Gebäude des Klosterkerns abgerissen – Steine aus den ehemaligen Klostermauern finden

Weitere Informationen:
Gemeindeverwaltung Cornberg
Am Markt 8
36219 Cornberg

Tel.: 0 56 50-9 69 70
Fax: 0 56 50-96 97 16
E-Mail:
info@cornberg.de

Die imposanten Sandsteinmauern des Cornberger Klosters der Benediktinerinnen zeugen von einer langen Geschichte.

sich heute in einigen Häusern Cornbergs. Das Klostergeviert wurde 1990 bis 1994 wieder instand gesetzt und beherbergt heute neben Sandsteinmuseum und Bürgerzentrum auch ein außergewöhnliches Hotel und Restaurant.

Im Rahmen des Kultursommers Nordhessen werden auf einer Bühne im lauschigen Klosterhof Musik und Theater geboten.

Im Jahr 1997 legten Arbeiter im Sandsteinbruch die mit 100 Quadratmetern vermutlich größte Fährtenplatte Europas frei. Im Wüstenklima der Oberen Permzeit vor 250 Millionen Jahren lebten Kleinsaurier im heutigen Osthessen. Sie hinterließen ihre Spuren im Sandstein: Der große Amblyopus war ein Vorfahr von Krokodilen oder Sauriern, und der nur mardergroße Chelinus wurde vom raubtierähnlichen Scymnognathus gejagt. Ein Diorama im Sandsteinmuseum veranschaulicht die Entstehung der Fährtenplatte. Auch ein Grenzstein von 1691 mit der Inschrift „Corenberg" findet sich im Museum.

Restaurant-Tipp:
Kloster Cornberg
Pächter Rolf W. Behrend
Am Steinbruch 1
36219 Cornberg

Tel.: 0 56 50 - 9 69 60
Fax: 0 56 50 - 96 96 22
E-Mail:
info@kloster-cornberg.de
Internet:
www.kloster-cornberg.de

Öffnungszeiten:
Mittags- und Abendtisch
12.00 – 14.00 Uhr
18.00 – 22.00 Uhr,
Mittagstisch am Sonntag
12.00 – 14.00 Uhr

Gemeinde Cornberg

Das Naturschutzgebiet Doline ist eine natürlich entstandene Kraterlandschaft.

Doline bei Rockensüß

In der von Rockensüß zu erreichenden Senke des Naturschutzgebiets „Doline" sind seltene Farne und Orchideen heimisch. In der eindrucksvollen, an einen Vulkankrater erinnernden Einsturzmulde (Doline) bei Rockensüß wachsen beispielsweise der Storchschnabelfarn und Orchideen wie das im Frühling blühende Dreizähnige Knabenkraut. Die nach der Ablaugung von unter der Erde befindlichen Gipsablagerungen entstandene Vertiefung ist sieben Hektar groß, ihr tiefster Punkt liegt rund 50 Meter unterhalb des Randes. Von Rockensüß aus führen zwei Stich-Feldwege an den Dolinenrand.

Da zu Cornberg nur die Dörfer Rockensüß und Königswald gehören, ist es die kleinste Gemeinde im Kreis Hersfeld-Rotenburg.

Musik-Tipp:
Kultursommer Nordhessen
Heinrich-Schütz-Allee 33
34131 Kassel

Tel.: 05 61-98 83 93 99
Fax: 05 61-98 83 93 33
Internet:
www.kultursommer-nordhessen.de

Im Rahmen des Kultursommers Nordhessen werden auf einer Bühne im lauschigen Klosterhof Musik und Theater geboten.

Gemeinde Friedewald

Die romantische Burgruine mit dem „Dicken Turm" ist eine der seltenen Wasserburgen in Hessen.

Mitten in Friedewald liegt die gut erhaltene Ruine einer der seltenen Wasserburgen Hessens. Diese wurde Ende des 15. Jahrhunderts auf den Grundmauern einer noch früheren Burg (um 1300) erbaut und diente den hessischen Landgrafen aus Kassel als Jagdschloss. Ein Wassergraben führt noch heute um die mit vier Türmen einstmals wehrhafte Burg, die erst im Siebenjährigen Krieg 1762 von französischen Truppen erobert und in Brand gesetzt wurde. Im Schlosshof plätschert der um 1500 errichtete barocke Drei-Schalen-Brunnen. Die romantische Burgruine, die in den 1980er Jahren komplett saniert wurde, dient heute unter andrem als Kulisse für Musik- und Theater-Aufführungen, beispielsweise im Rahmenprogramm der Bad Hersfelder Festspiele.

In einem Flügel des eigentlichen Schlosses sind die Räume des Heimatmuseums zu finden. In den Nord- und den neugebauten Westflügel zog das noble Schlosshotel „Prinz von Hessen" ein (Göbel übernahm das Hotel erst Jahre später).

Weitere Informationen:
Gemeindeverwaltung Friedewald
Motzfelder Straße 12
36289 Friedewald

Tel.: 0 66 74-92 10-0
Fax: 0 66 74-92 10 50
E-Mail:
info@gemeinde-friedewald.de
Internet:
www.gemeinde-friedewald.de

Der Sage nach bleibt gesund,
wer einmal pro Jahr
durch das „Nadelöhr" kriecht.

An der neben der Autobahn verlaufenden Straße nach Wildeck-Hönebach liegt das Nadelöhr an der ehemaligen Handelsstraße „Kurze Hessen", die von Frankfurt nach Leipzig führte. Unter Handelsreisenden war früher ein derber Brauch üblich: Wer nicht freiwillig durch das Loch im Stein hindurchkroch, dem wurde mit hölzernen Knütteln schlagkräftig nachgeholfen.

Ein paar Kilometer weiter kündet ein 1987 errichtetes steinernes Mal vom „Zollstock", der an dieser Stelle seit 1306 bestehenden hessischen Zollstätte und Geleitsgrenzen im Seulingswald.

In der lokalen Mundart wird das „Nadelöhr" als „Nollenöhr" bezeichnet. Ein kurzer Spazierweg in den Wald führt nach Hammundeseiche, einem verlassenen Vorgängerdorf Friedewalds. Von dieser Ortschaft sind noch die Brunnenmauern, der Dorfweiher und die Grundmauern der Kirche erkennbar. Nachdem das Schloss in Friedewald erbaut war, verließen die Einwohner das Dorf und zogen in den Schutz

Gesundheits-Tipp:
Das Nadelöhr finden Sie an der Straße zwischen Friedewald und Wildeck-Hönebach.

Kriechen Sie einmal pro Jahr durch das Nadelöhr.

Gemeinde Friedewald

Die aufgemauerten Reste der Dorfkirche sind im Wald unweit der „Dicken Eiche" zu sehen.

der Burg – Hammundeseiche wurde „wüst", also verlassen. Auf dem einstigen Dorfplatz steht die ehemalige Dorfeiche, die „Dicke Eiche". Fünf Erwachsene müssen sich an den Händen fassen, um den Stamm des mehr als 1.000 Jahre alten mächtigen Baumes zu umfassen. Außer den Resten der aus dem 14. Jahrhundert stammenden Walterskirche zeugen noch die Kirchhofmauern und der Dorfbrunnen vom einstigen Dorf Waldradeberg. Zu ihnen gelangt man auf einem rechts von der Verbindungsstraße zwischen Lautenhausen und Herfa abgehenden Weg.

Auf der anderen Seite von Friedewald sind ebenfalls Überreste einer Wüstung zu finden. Schon von der Autobahn A 4 kann man die Gießlingskirche sehen, die am Ostrand einer Wiese im „Kessel" genannten Tal steht. Sie ist einziges Überbleibsel des mittelalterlichen Ortes Gosselndorf, das ab 1180 bewohnt und bereits um 1550 wieder verlassen war.

„Die vergessene Ecke" ist der bezeichnende Titel des einzigen Buches, das über

Hotel-Tipp:
„Göbel's Schlosshotel
Prinz von Hessen"
Schlossplatz 1
36289 Friedewald

Tel.: 0 66 74 - 9 22 40
Fax: 0 66 74 - 9 22 42 50
E-Mail:
info@goebels-schlosshotel.de
Internet:
www.goebels-schlosshotel.de

Im Schlosshof findet man einen barocken Drei-Schalen-Brunnen.

Friedewald erschienen ist. Geschrieben vom ehemaligen Gemeindepfarrer Bötte rufen die teils derben und deftigen Anekdoten das Bild einer heilen dörflichen Welt hervor, was angesichts des harten bäuerlichen (Über-)Lebens auch damals nur durch die rosarote Brille eines verklärten Völkerkundlers möglich war.

Ihren Spitznamen „Schneegänse" tragen die Friedewalder mit Stolz. In früheren Zeiten machten die Schneegänse auf ihren Zügen nach Süden auf dem Hochplateau des nördlich gelegenen Galgenfeldes Rast. Jedes Jahr Ende Oktober sieht man noch immer die V-Formationen am Himmel über Friedewald.

Das auf der Wasserscheide zwischen Werra und Fulda gelegene Friedewald ist mit 425 Metern über NN einer der höchsten Orte des Kreises. Der Ortsname leitet sich ab vom „eingefriedet sein inmitten des Waldes"; der Name des nördlich gelegenen Seulingswaldes stammt von den großen säulenartigen Bäumen.

Restaurant-Tipp:
Chai-Yo Thai Restaurant
Höhnebacher Straße 16 a
36289 Friedewald

Tel.: 0 66 74 - 9 18 07 08
Fax: 0 66 74 - 91 86 62
Internet:
www.chai-yo.de

Öffnungszeiten:
Mi. – Sa. 17.30 – 22.30 Uhr
(Nov. – März Mittwoch Ruhetag),
an Sonn- und Feiertagen
11.30 – 14.00 Uhr
und 17.30 – 22.30 Uhr

Gemeinde Friedewald

Der Dreienberg mit seiner einzigartigen Artenvielfalt ist ein besonderes Juwel im Biosphärenreservat Rhön.

Dreienberg

Im Trias-Erdzeitalter bildete sich über der Region eine dicke Kalksteinschicht. Bis auf wenige aus der Landschaft ragende Berge wurde sie von Jahrtausende andauernder Erosion abgetragen. Eine dieser Ausnahmen ist der Dreienberg in der Gemeinde Friedewald. Auf dem dreigipfligen Dreienberg wachsen wegen dieser Bodenverhältnisse viele unterschiedliche Orchideenarten, die im restlichen Deutschland auf der Roten Liste der vom Aussterben bedrohten Pflanzenarten stehen. Das führte zu seiner Ausweisung als Naturschutzgebiet und Biosphärenreservat. Im zeitigen Frühjahr zwischen Ende April und Anfang Juni können Wanderer die zierlichen Blumen auch direkt am Rand der Wanderwege bewundern.

Rings um den Dreienberg führt der zauberhafte, recht ebene Panorama-Rundweg, mitten durch das Naturschutzgebiet. Wanderer kommen an der Burgruine Dreygenburg vorbei, die auch als Alter Keller bezeichnet wird. Seine drei Schutz-

Museums-Tipp:
Heimatmuseum in Friedewald
Im Schloss
Schlossplatz 2
36289 Friedewald

Tel.: 0 66 74-84 59
Internet:
www.museum-friedewald.de

Öffnungszeiten:
März – Oktober von Di. – So. 13.00 – 17.00 Uhr; Eintritt für Erwachsene 2,– €, Kinder 1,– €, Familienkarte 4,– €, Gruppenpreis ab 10 Personen 1,50 €

hütten bieten auch Zuflucht bei plötzlich aufziehenden Regenschauern. Der Wartburg-Blick oberhalb von Lautenhausen ist jedoch inzwischen großteils zugewachsen. Ein weiterer Weg steigt direkt über die kahle Kuppe zur Großen Wiese an. Im Frühjahr zieht der knoblauchartige Duft von reichen Bärlauch-Feldern in des Wanderers Nase.

Zur Großgemeinde gehören die rings um den Dreienberg gelegenen Dörfer Lautenhausen, Hillartshausen und Motzfeld.

Gemeinde Hauneck

Abendstimmung
auf dem „Alten Friedhof"
in Unterhaun

Wer auf der Bundesstraße 27 durch Unterhaun fährt, verpasst den Dorfkern mit seinen charaktervollen, farbenfrohen Fachwerkhäusern. Dazu muss man das Flüsschen Haune und die Bahnlinie überqueren. Die 1736 erbaute Dorfkirche zählt zu den edelsten barocken Bauten, die unter dem Einfluss der Schmalkalder Schlosskapelle in dieser Gegend entstanden sind.

Unterhauns Vorgängerort lag oben auf dem Kreuzberg und verfiel im 16. Jahrhundert. Übrig blieb der so genannte „Alte Friedhof" mit der aus dem 10. Jahrhundert stammenden Wallfahrtskirche, der Kreuzkapelle, deren Steine über Generationen hinweg als Baumaterial für die Unterhauner dienten und die heute als romantische Ruine zwischen etwa 50 historischen Grabsteinen dasteht.

Im Jahr 1980 ließ die Gemeinde einen schlichten Stein zum Gedenken an Georg Groscurth auf dem „Alten Friedhof" errichten. Der 1904 in Unterhaun geborene

Weitere Informationen:
Gemeindeverwaltung Hauneck
Hersfelder Straße 14
36282 Hauneck

Tel.: 0 66 21-50 60-0
Fax: 0 66 21-50 60 30
E-Mail:
gemeinde@hauneck.de
Internet:
www.hauneck.de

Aus dem Jahr 1711 stammt der Fachwerkbau der Kirche von Oberhaun.

Arzt gehörte in Berlin der Widerstandsgruppe „Europäische Union" gegen die Nationalsozialisten an. 1943 flog sie auf, Groscurth und die anderen wurden verhaftet. Alle bis auf Robert Havemann wurden von den Nationalsozialisten zum Tode verurteilt und im Mai 1944 in Brandenburg hingerichtet. Israel erklärte ihn zum „Gerechten der Völker" in Yad Vashem. In dem Roman „Mein Jahr als Mörder" thematisiert der Schriftsteller Friedrich Christian Delius das Schicksal der Familie Groscurth.

Auf der Wetterfahne der Oberhauner Dorfkirche ist die Zahl 1711 zu finden. Aus diesem Jahr stammt der Fachwerkbau, während die ältesten Teile der Kirche bereits auf das 15. Jahrhundert datiert werden. Wie so viele Kirchenglocken mussten auch die Oberhauner ihre Glocke 1941 zur Rüstungsproduktion abliefern. Sie wurde jedoch nicht eingeschmolzen, sondern unversehrt auf dem „Glockenfriedhof" bei Hamburg wieder aufgefunden und 1947 nach Oberhaun zurückgeführt.

Restaurant-Tipp:
Gasthaus Wiegand
Familie Wiegand
Rhönstraße 39
36282 Hauneck-Eitra

Tel.: 0 66 21-28 84

Gemeinde Hauneck

Durch Bodes fließt der idyllische Dorfbach Eitra, den man auf Trittsteinen überquert.

Der idyllisch durch Bodes plätschernde Dorfbach Eitra lässt sich nicht nur auf einer neuen Fußgängerbrücke überqueren, sondern auch auf Trittsteinen. Das kleine Kirchlein von Bodes wurde 1576 erbaut und erhielt im Zeitalter des Barock innen eine einfache und gleichzeitig reichliche Bemalung.

Entlang des Flüsschens Haune führt ein Radweg bis zur Mündung in die Fulda nach Bad Hersfeld.

Weil im Dorfteich die Frösche immer so laut quakten, werden die Rotenseer „Frösche" genannt. Beliebt ist der Ausflugs-Biergarten im alten Bauernhof „Vollmarsburg".

Zur Großgemeinde Hauneck gehören auch die Orte Sieglos, Fischbach und Eitra. In den 90er Jahren des 20. Jahrhunderts spielten Eitras Handballer erfolgreich in der Bundesliga.

Buch-Tipp:
„Mein Jahr als Mörder"
Roman von Friedrich Christian Delius
Rowohlt Verlag, 8,95 €

ISBN: 978-3-499-23932-8

Marktgemeinde Haunetal

Oberhalb von Unterstoppel liegen die mysteriösen „Langen Steine" im Wald.

Über lange Zeit war die 1397 erstmals urkundlich erwähnte aus Basalt und Sandstein erbaute Burg Hauneck ein wichtiger strategischer Beobachtungspunkt im Grenzgebiet der Klöster Fulda und Hersfeld. Von der im 30-jährigen Krieg zerstörten, heute malerischen Ruine auf dem Stoppelsberg (524 m) bietet sich eine wundervolle Fernsicht mit großartigen Ausblicken bis ins Hessische Kegelspiel in die Rhön, Salzbergen und den Ausläufern von Vogelsberg und Knüll. Auch vom Aussichtsturm auf dem zweithöchsten Berg Haunetals, der 473 Meter hohen Mengshäuser Kuppe, schweift der Blick weit ins Land. Die Kammeroper Dresden und Ensemblemitglieder der Bad Hersfelder Festspiele geben in der Burgruine Hauneck im Sommer Konzerte.

Seit Ewigkeiten liegen in einem alten Sandsteinbruch oberhalb von Unterstoppel die „Langen Steine". Der Sage nach wurden die 13 Meter langen Riesen dort durch einen Vulkanausbruch hingeschleudert oder für den Bau der Stiftskirche des

Weitere Informationen:
Gemeindeverwaltung Haunetal
Konrad-Zuse-Platz 6
36166 Haunetal

Tel.: 0 66 73-92 10-0
Fax: 0 66 73-92 10 40
E-Mail:
marktgemeinde@haunetal.de
Internet:
www.haunetal.de

Weit schweift der Blick von der Burg Hauneck bis zum Hessischen Kegelspiel und Knüll.

Klosters Hersfeld gehauen, dann jedoch nicht abtransportiert. Naturwissenschaftler verweisen auf die Zeit vor 200.000 Jahren, als im Trias-Erdzeitalter das Gebiet von einem flachen Meer bedeckt war. Durch das Zerbersten der bis zu 800 Meter dicken Buntsandsteinschicht durch Vulkanausbrüche entstand das so genannte Blockmeer, in dem härtere Gesteinsbrocken liegen blieben. Ein kleines Kreuz deutet darauf hin, dass hier einst germanische Volksversammlungen, der so genannte Thing, stattfand. An einem Stein sieht man das Wappen des Landgrafen Friedrich von Hessen.

Am südlichen Ortsausgang von Unterstoppel steht die einzige Zehntscheune, ein mittelalterliches Lagerhaus zum Aufbewahren der Zehnt-Abgaben.

Sehenswert ist das intakte Fachwerkdorf Wehrda, das sich um die im Jahr 1476 erbaute Kirche mit ihrem wehrhaften Chorturm aufbaut. Der Schriftsteller Friedrich Christian Delius wuchs in Wehr-

Ausgeh-Tipp:
Kulturscheune Lange Wiese e.V.
Auf der Langen Wiese 1
36166 Haunetal-Wehrda

Tel.: 0 66 73 - 6 13 oder
0 66 73 - 91 92 40
Fax: 0 66 73 - 91 92 41
E-Mail:
kontakt@kulturscheune.net

Internet:
www.kulturscheune.net

Marktgemeinde Haunetal

Im Privatbesitz befindet sich das „rote Schloss" in Wehrda.

da auf und widmete dem Ort sein Buch „Der Sonntag, an dem ich Weltmeister wurde". Im Schloss Hohenwehrda ist der Sitz eines renommierten Privatinternats. Die Kulturscheune ist nicht nur eine nette Einkehrmöglichkeit, sondern bietet inzwischen ganzjährig Theater, Konzerte und Kunstausstellungen.

Moor bei Wehrda

Naturfreunde zieht es zum zwischen Dorf und Waldrand gelegenen Naturschutzgebiet „Moor bei Wehrda". Es entstand, als die Erdoberfläche nach Auswaschung des Steinsalzes absackte. Die hessische Naturschutzbehörde erachtete es für derart wichtig, dass es im Rahmen der EU-Flora-Fauna-Habitat-Richtlinie als Schutzgebiet ausgewiesen wurde. Da die Niedermoor-Sumpfflächen nicht betreten werden dürfen, können das Birkenwäldchen und die beiden kleinen Teiche nur von den umliegenden Feldwegen aus betrachtet werden. Es ist unwahrscheinlich, dass Spaziergänger die in Hessen einmalige Ansammlung des Rundblättrigen Son-

Buch-Tipp:
„Der Sonntag, an dem ich Weltmeister wurde"
von Friedrich Christian Delius
Rowohlt-Taschenbuch, 6,95 €.

ISBN: 978-3-499-23659-4

Blick auf die Reihen historischer Grabsteine des jüdischen Friedhofs in Rhina

nentaus zu sehen bekommen. Mit Geduld und Glück kann der seltene Wespenbussard beobachtet werden – oder der auf der Roten Liste stehende Tagfalter Schwarzblauer Ameisenbläuling flattert vorbei. Biologen finden auch die Libellen- und Heuschreckenpopulationen erwähnens- und schützenswert.

Ein wahres Kleinod bäuerlicher Barockkirchen ist die evangelische Kirche in Odensachsen. Ihre farbenfrohe Bemalung verdankt sie dem Schenklengsfelder Porträtmaler Gustav Altmöller. In den Em-porenfeldern sind Szenen aus Altem und Neuem Testament abgebildet. Unter der hölzernen Deckentonne musizieren Engel im strahlend blauen Himmel auf weißen Wolken.

Klein und fein liegt Müsenbach mit seinen Fachwerkhäusern im Dreieck Mauers, Meisenbach und Odensachsen.

Die Kehlsmühle zwischen Mauers und Müsenbach ist die einzige noch aktive

Ausflugs-Tipp:
Jüdischer Friedhof in Rhina: Von Bad Hersfeld kommend auf der B27 finden Sie ihn rechts vor dem Ortseingang.

Der jüdische Friedhof liegt malerisch am Tal der Haune.

Marktgemeinde Haunetal

hessische Sägemühle mit einem Quersägewerk. Die alte Tradition dieses Holzsägens wird auch heute noch gepflegt. Einziges Überbleibsel der Burganlage von Holzheim ist der im 12. Jahrhundert als Wehrturm der Ritter von Romrod erbaute „Dicke Turm". Heute wird der Turm mit den drei Steinköpfen an der Fassade privat bewohnt.

Rhina gehörte ebenso wie Wehrda zu den sogenanten „Judendörfern". Nach dem 30-jährigen Krieg siedelten die Gutsherren viele Juden an, um den Bevölkerungsverlust auszugleichen – und dadurch ihre Einnahmen wieder zu erhöhen. Als Ende des 19. Jahrhunderts Fulda seine jüdischen Bewohner auswies, zogen viele in den nächsten erlaubten Ort, nach Rhina. Noch 1920 war Rhina der einzige preußische Ort mit überwiegend jüdischer Bevölkerung. Der von der viel befahrenen B 27 aus erkennbare jüdische Friedhof ist heute das einzige sichtbare Andenken an die Rhinaer Juden. Zu Ihnen gehörte auch der Maler Jakob Nussbaum, der in Frankfurt/M. erfolgreich war.

Weithin sichtbar ist die Kirche zu Neukirchen. Durch einen kleinen Torbogen gelangt man zum Pfarrhaus. Reich mit Weinranken verziert ist das Fachwerk dieses architektonischen Schmuckstücks, und über dem Eingang wacht eine geschnitzte Putte.

Im Herbst 2004 wurde zwischen Braugasse und Hauptstraße ein Brunnen mit dem Neukirchener Original, dem Pflasterhüpfer „Ploasterhepser", aufgestellt. Er ist eine Anspielung auf den früheren schlechten Zustand der Straße.

Um an die Jahrhunderte alte Tradition einer Marktgemeinde anzuknüpfen, hält Neukirchen regelmäßig einen Bauernmarkt ab. Zu Haunetal gehören außerdem die Orte Hermannspiegel, Kruspis, Meisenbach, Oberstoppel, Stärklos, Wetzlos und Schletzenrod.

Aktivitäten-Tipp:
Haunehof Familie Wörndl
Kirchberg 8
36166 Haunetal-Neukirchen

Tel.: 0 66 73 - 2 58 oder
91 91 14, Fax: 0 66 73 - 82 40
E-Mail:
haunehof@haunehof.de
Internet:
www.haunehof.de

Stadt Heringen

Förderrad und Lore stehen vor dem Werra-Kalibergbau-Museum.

Mit „Glück auf" begrüßt ein Förderwagen den Besucher am Ortseingang – Heringen ist das Herz des Kali-Bergbaus in der Region. Die nahe bei den Schachteingängen stehenden schmucken Häuser der ehemaligen Direktoren sehen wie kleine Schlösschen aus.

Das Kalifieber holte die Region schlagartig ins Industriezeitalter. 1893 wurde erstmals im Werratal Kali gefunden. Überall in der Region standen bereits Anfang des folgenden Jahres Bohrtürme – Investitionen in Kaliförderung galten als äußerst lukrativ. Insgesamt entstanden im Werratal fast 30 Schachtanlagen und sieben Fabriken. Die in Bochum gegründete Bergwerksgesellschaft Wintershall suchte im Raum Heringen nach Kalisalzen – und war dabei recht erfolgreich. Heute gehören die Bergwerke zur K+S Gruppe, die damit größter Arbeitgeber im östlichen Kreis Hersfeld-Rotenburg ist. Die Fertigprodukte, vor allem Düngemittel, werden in alle Welt geliefert.

Weitere Informationen:
Tourist-Information
Waldhessisches Werratal
Dickesstraße 1
36266 Heringen

Tel.: 0 66 24-91 94 13
Fax: 0 66 24-91 94 14
E-Mail:
kultur.stadtentwicklung@heringen.de

Internet:
www.heringen.de

Der große Salzberg wird „Monte Kali" oder „Kalimandscharo" genannt.

Das Werra-Kalibergbau-Museum präsentiert auf 1.000 Quadratmetern in einem ehemaligen Schulhaus vielfältige Ausstellungsstücke rund um das Kalisalz, seine Gewinnung und Verarbeitung.

Das Land der weißen Berge

„Das Land der weißen Berge" ist der Slogan, der den Wandel deutlich macht. Wurden die riesigen Salzberge früher als ungeliebte Abfallhaufen betrachtet, sind die Bewohner der Gegend inzwischen so stolz auf die weißen Riesen, dass sie ihnen sogar Spitznamen geben: „Kalimandscharo" oder „Monte Kali". Vor allem im Hochsommer erinnern sie an schneebedeckte Mehrtausender in den Alpen. Der größte der Salzberge ist der zwischen Kleinensee und Wölfershausen gelegene „Monte Kali", auf dem Steinsalz aus dem Schacht Heringen aufgeschüttet wird. Seit 1997 kann man den „Monte Kali" besteigen – geführt von ehemaligen Bergleuten. Zwei Schritte vor, einer zurück – der 15-minütige Aufstieg ist recht steil, das Salz gleichzeitig krümelig und doch fest.

Ausflugs-Tipp:
Karten für die Führung auf den „Monte Kali" gibt es im
Werra-Kalibergbau-Museum
Dickesstraße 1
36266 Heringen

Tel.: 0 66 24 - 91 94 13
Fax: 0 66 24 - 91 94 14
E-Mail:
info@kalimuseum.de
Internet:
www.kalimuseum.de

Öffnungszeiten: April – Sept.
Di. – Fr. 10.00 – 12.00 Uhr und 13.00 – 18.00 Uhr, Sa. und So. 13.00 – 18.00 Uhr, Okt. – März
Di. – So. 14.00 – 17.00 Uhr,
20. Dez. – 5. Jan. geschlossen

Stadt Heringen

Beeindruckende stählerne Maschinenriesen auf dem Kaliberg

135 Millionen Tonnen schwer und bis zu 300 Metern hoch aufgeschüttet ist der heimliche Star der Region. Bei Sonnenschein blendet sein gleißendes Weiß die Augen. Mehr als 10.000 Besucher erklimmen den künstlichen Berg pro Jahr. Vom Gipfelplateau, das auf gleicher Höhe wie die umliegenden Bergspitzen ist, schweift der Blick über den Rhäden weit in die Kuppenrhön, zum Alheimer und zum Thüringer Wald.

An seinem Fuß misst diese technische Sehenswürdigkeit ersten Ranges 66 Hektar, obendrauf immer noch rund zehn Hektar. In jeder Arbeitsstunde werden 800 Tonnen Steinsalz über ein kilometerlanges Förderband auf den Berg gefahren. Tag für Tag wächst der Berg um rund 13.000 Tonnen an. Immerhin zwei Drittel des insgesamt im Betriebsteil Wintershall geförderten Salzes lassen sich nicht veredeln zu verkaufsfähigen Produkten. Nur das restliche Drittel findet hauptsächlich in der Düngemittelproduktion Verwendung. Beim Durchqueren wirkt das Hochplateau wie eine Mondlandschaft: kalt,

Museums-Tipp:
Werra-Kalibergbau-Museum
Dickesstraße 1
36266 Heringen

Tel.: 0 66 24 - 91 94 13
Fax: 0 66 24 - 91 94 14
E-Mail:
info@kalimuseum.de
Internet:
www.kalimuseum.de

Öffnungszeiten: April – Sept.
Di. – Fr. 10.00 – 12.00 Uhr und 13.00 – 18.00 Uhr, Sa. und So. 13.00 – 18.00 Uhr, Okt. – März Di. – So. 14.00 – 17.00 Uhr, 20. Dez. – 5. Jan. geschlossen.

In Bodesruh erinnert das Mahnmal an die deutsche Teilung.

farblos, feindlich. Neben und unter den stählernen Maschinenriesen fühlt sich der Mensch ganz klein. Noch etwa 20 Jahre lang will Kali + Salz diese Abraumhalde nutzen und dazu die Grundfläche erweitern. Höher darf nämlich nicht mehr aufgeschüttet werden, weil dazu eine Änderung der internationalen Überflughöhen erforderlich wäre.

Ganz in der Nähe des „Monte Kali" erinnert das Mahnmal Bodesruh an die deutsche Teilung. Der zweigeteilte, symbolträchtige Turm steht auf einer Anhöhe. Zwischen den dichten Bäumen hindurch kann der Blick vom 1963 errichteten Aussichtsturm weit ins damals unerreichbare und doch greifbar nahe Thüringer Land über das Gerstunger Becken schweifen.

Einige Heringer Höfe gehörten vor Jahrhunderten zum Kloster Fulda. Einer davon steht in der Fuldischen Aue, wo schon der Straßenname auf diesen Zusammenhang hinweist.

Ausflugs-Tipp:
Das Mahnmal Bodesruh erinnert an die 40-jährige deutsche Teilung. Es liegt zwischen Wildeck-Hönebach und Heringen-Bengendorf.

Der nahegelegene Ausflugsgasthof lädt zur Einkehr ein.

Stadt Heringen

Ganze Kolonien von Kormoranen leben im Naturschutzgebiet Rhäden.

In der Werraaue zwischen Heringen und Widdershausen sind Salzaustrittsstellen vorhanden. Diese Salzwiesen bilden ein im Binnenland äußerst seltenes Biotop. Mit seiner artenreichen Salzflora und zahlreichen teils seltenen Amphibien steht es als „Rohrlache bei Widdershausen“ unter Naturschutz und ergänzt den Rhäden bei Wildeck-Obersuhl.

Nahe bei „Monte Kali“ und Widdershausen liegt die Hornungskuppe. Von der im 14. Jahrhundert von Hartung von Hornsberg errichteten Burg Hornsberg ist jedoch nicht mehr viel zu sehen. Im Wald unweit von Bengendorf finden sich Mauerreste der Wüstung Eitzenrode. Immer noch zu erkennen ist der Brunnen des im 30-jährigen Krieg bewohnten Dorfes.

Als letzter Rest der ehemaligen Siedlung Waldradeberg ist die Walterskirche erhalten geblieben. Sie liegt zwischen Friedewald und Heimboldshausen. Neben den Resten der Kirchhofmauer ist in 20 Meter Entfernung noch der frühere Dorfbrunnen zu erkennen.

Restaurant-Tipp:
Zum Geleucht
Obere Goethestraße 17a
36266 Heringen

Tel.: 0 66 24-78 22
E-Mail:
info@zumgeleucht.de
Internet:
www.zumgeleucht.de

Ein stattlicher Karpfen aus der Werra

Früher lebten etliche Heringer Familien von der Fischerei in der Werra. Auch heute fangen Angler hier manchen kapitalen Fisch.

Mehr als 100 heimische Baum- und Straucharten wachsen im forstbotanischen Garten in Herfa als „lebendiges Museum". Auch eine Sammlung von Nisthilfen für heimische Vogelarten ist dort anzuschauen.

Heringen, das seit 1972 Stadtrechte besitzt, bringt sich wegen seiner geographischen Lage ins von den Thüringer Nachbargemeinden entwickelte Touristikkonzept Werratal ein. Der an das deutsche Fernradwegenetz angebundene Werratal-Radweg ist ebenso ein Ergebnis dieser Bemühungen wie die Möglichkeit zu Kanutouren auf dem Fluss.

Zu Heringen gehören auch die Orte Leimbach und Lengers, aus dem der ehemalige Bundesliga-Fußballspieler Uwe Bein stammt, der 1990 mit der deutschen Nationalmannschaft Weltmeister wurde.

Ausflugs-Tipp:
Zwischen Großensee und Kleinensee ist ein kleines Stück der ehemaligen Grenzbefestigung der DDR vollständig erhalten geblieben.

Gemeinde Hohenroda

Geyso-Schloss
in Mansbach

Die älteste erhaltene barocke Dorfkirche Osthessens steht in Mansbach. Der Chorraum, ursprünglich die Grabkapelle der Familie von Mansbach, wurde 1280 erbaut. Aus dem Jahr 1569 stammt das Kirchenschiff. Mit zarten Strichen zauberte der barocke Maler Engel an das hölzerne Tonnengewölbe: Sie spielen Orgel, Cello und Trompete, trommeln und zupfen an Harfe und Lyra.

Schräg gegenüber der Kirche steht das Geyso-Schloss. Unter einem eleganten und gleichzeitig mächtigen Torbogen wird der Renaissance-Giebel sichtbar. Seinen Namen erhielt das Schloss von dem hessischen Generalleutnant Johann Geyso, der es im 17. Jahrhundert bewohnte.

In das Fachwerkhaus am Schloss ist 1994 die Heimatstube eingezogen. Östlich davon liegt das Blaue Schloss, eine dreiflüglige Anlage im klassischen Stil um 1820. Ursprünglich errichtet wurde der so genannte Unterhof im Jahr 1569.

Weitere Informationen:
Gemeindeverwaltung Hohenroda
Schloßstraße 45
36284 Hohenroda

Tel.: 0 66 76 - 92 00 - 0
Fax: 0 66 76 - 92 00 40
E-Mail:
hohenroda@kgrz-kassel.de
Internet:
www.hohenroda.de

Mansbach verfügte einst über Deutschlands modernste Gestütsanlage und war für seine hochkarätige Pferdezucht weltbekannt. Um diese Attraktion wieder erlebbar zu machen, entstand unter dem Markenzeichen „Hippovia" ein Netz von Rundwegen zur Gestütsgeschichte des Ortes.

Rund einen halben Kilometer östlich von Mansbach liegt der jüdische Friedhof. Die Grabsteine stehen allerdings nicht mehr an ihren Originalplätzen, denn der Friedhof wurde während der nationalsozialistischen Diktatur abgeräumt.

In Ausbach dreht sich alles um den Ausbacher Rotapfel. Ihm ist in der Heimatstube ein Raum gewidmet.

An der Stelle einer älteren Kirche wurde die Barockkirche in Ausbach 1730 errichtet. Die Glocke ist noch älter, sie stammt vom Vorgängerbau aus dem Jahr 1508. Umgeben ist die Kirche von einem Wehrfriedhof. Dies ist an den Schießscharten im bis zu 70 Zentimeter dicken Mauerwerk und einem Torbogenhaus erkennbar. Reihen barocker Grabsteine stehen auf dem Rasen um die Kirche.

Die Heimatstube von Ransbach ist in ein schönes Fachwerkhaus in der Dorfmitte eingezogen.

Namensgeber von Hohenroda ist das um 1900 erbaute Schloss in Oberbreitzbach, in dem heute die Gemeindeverwaltung untergebracht ist.

Soislieden liegt am Fuße des Soisberges, eines markanten Gipfels des Hessischen Kegelspiels. Ein Höhepunkt ist der Aufstieg zur Plattform des im Herbst 2003 neu errichteten Soisbergturms; von dort schweift der Blick weit in die Kuppenrhön.

Zur Gemeinde Hohenroda gehört auch die Glaam.

Buch-Tipp:
„Galoppieren gegen den Wind"
Herausgegeben von der freien Journalistin Anja Daume.

Das Buch lädt zu einer spannenden Geschichtsreise durch die Mansbacher Pferdetradition ein.

Preis: 14,50 EUR
Bestellung auch unter www.bod.de im Internet möglich.

Ausbacher Rotapfel

Kräftig rot leuchten die reifen „Ausbacher Rotäpfel" im Herbst.

In der Vorderrhön ist um 1870 ein kräftig roter Streuobst-Apfel mit dem Namen „Ausbacher Rotapfel" belegt, der bereits seit rund hundert Jahren in Ausbach beobachtet wurde. Die Züchtung soll aus dem Schlossgarten in Philippsthal stammen. In Ausbach ist der erste Baumgarten aus dem Jahr 1831 belegt. Mit 10 bis 15 Jahren trägt er erstmals Früchte.

Der robuste Baum ist gegen den viel gefürchteten Obstbaumkrebs resistent und benötigt daher nur wenig Pflege. Er eignet sich gut als Weihnachtsapfel und hält sich bei geeigneter Lagerung sogar bis in den nächsten Mai hinein.
Der mächtigste Apfelbaum mit einem Kronendurchmesser von 17 Metern steht am Ausbacher Ortsrand.

Im Rahmen der Rhöner Apfelinitiative sollen zahlreiche Streuobstwiesen neu angelegt werden. Zur Ausstellung über den Ausbacher Rotapfel im Dorfmuseum ist auch geplant, einen Obstlehrpfad am Ortsrand anzulegen.

Weitere Informationen:
Naturtrüben Apfelsaft und mehr bietet die Kelterei „Ausbacher Roter".

Kuppenrhöner Kelterei GbR mbH
Ausbacher Roter
Am Dorfplatz 1
36284 Hohenroda/Ausbach

Tel.: 0 66 29-91 91 40
Fax: 0 66 74-91 97 41
E-Mail:
service@ausbacher-roter.de
Internet:
www.ausbacher-roter.de

ARHÖNA
Pferde · Urlaub · Seminare
• Reiten für Kids und Erwachsene
• Offenstall für Privatpferde
• Alphatier-Community
• Betreutes Wohnen
• Kutschfahrten
• Feierlichkeiten mit Bioküche
www.arhoena.de
ArhönA e.V. Oststraße 1 · 36284 Hohenroda-Mansbach · Fon 06676/8562

Gemeinde Kirchheim

Die alte Scheune in Kirchheim

An der Kreuzung viel befahrener Autobahnen ist Kirchheim der für den Autofahrer am verkehrsgünstigsten gelegene Ort im Kreis Hersfeld-Rotenburg. Dies brachte die touristische Infrastruktur schon früh zur Blüte mit Rast-, Auto- und vielen Gasthöfen.

Durch das Aufstauen des Ibrabaches entstand ein malerischer See, an dem sich der Seepark ansiedelte. Heute kann man dort nicht nur am einzigen Sandstrand des Kreisgebietes baden, sondern auch Tret- und Ruderboot fahren, seine Geschicklichkeit beim Wasserskifahren an der Liftanlage testen, angeln, den Trimm-dich-Pfad rings um den See nutzen oder viele Kilometer spazieren gehen. Auf der Indoor-Rollschuhbahn kommen Inlineskater auf ihre Kosten. Der benachbarte Campingplatz hat höchste Auszeichnungen als „Vorbildlicher Campingplatz in Deutschland" erhalten.

In der schmucken Fachwerkscheune „Scheune an der Aula" aus dem Jahr

Weitere Informationen:
Touristik-Service Kirchheim GmbH
Hauptstraße 2 a
36275 Kirchheim

Tel.: 0 66 25-91 95 95
Fax: 0 66 25-91 95 96
E-Mail:
info@kirchheim.de
Internet:
www.kirchheim.de

Die blühenden Bäume der Streuobstwiesen im Frühjahr sind eine Augenweide.

1790 hat sich das Museum für Geräte des bäuerlichen Alltags eingerichtet und zeigt Geräte und Darstellungen zu den Themen Heu- und Getreideernte, Flachsanbau, Waschen, Bügeln, Wärme und Beleuchtung.

1996 wurde auch eine alte Stellmacherei hierher versetzt. In ihr wird die Herstellung eines Leiterwagens dokumentiert. Vor der Scheune steht ein geschindeltes Taubenhaus. Im Erdgeschoss der Scheune finden sich ein Kunsthandwerker-Laden und ein Café, das regelmäßig zu Veranstaltungen lädt. Besuchenswert ist auch der Ostermarkt, auf dem nicht nur traditionell gefertigte Ostereier angeboten werden.

Im 1685 vom Baumbachschen Rittergeschlecht erbauten Kirchheimer Schloss befinden sich heute private Wohnungen. Wilhelmine von Schenk, die sagenumwobene „Generalin von Kirchheim", starb im 18. Jahrhundert und soll noch heute im Schloss und dem Ort herumspuken.

Aktivitäten-Tipp:
Wasserskianlage
Wolfgang Senge
Seepark-Kirchheim
36275 Kirchheim

Tel.: 0 66 28 - 86 66
E-Mail:
wasserski.wolfgang@web.de
Internet:
www.wasserski-kirchheim.de

Gemeinde Kirchheim

Wakeboarden im Seepark Kirchheim

Der Natur-Erlebnis-Park wurde im Herbst 2008 hinter dem Schwimmbad eröffnet. Auf sieben Hektar leben Waschbären, Wildkatzen, Wiedehopfe, Ringelnattern, Wasserskorpione und viele andere einheimische Tiere. Thematisch aufgeteilt in verschiedene Biotope, Amphibienhaus und Arche-Bauernhof leben die Tiere zwar im Park aber trotzdem sozusagen in freier Natur.

Auf dem Eisenberg, der mit 636 Metern höchsten Erhebung des Landkreises, ragt der Borgmannsturm über die Wipfel der Bäume und bietet einen hervorragenden Blick über die osthessische Mittelgebirgslandschaft.

Im Sommer tischen die „Backfreunde Heddersdorf" eine große Auswahl selbst gebackener Kuchen im Radcafé auf. Es liegt an der Aula direkt am Radwanderweg R 11, der von Niederaula über Kirchheim nach Oberaula führt. Die Café-Öffnungszeiten werden im Internet unter www.heddersdorf.de veröffentlicht.

Aktivitäten-Tipp:
Natur-Erlebnis-Park-Kirchheim
Waldesruh
36275 Kirchheim
(hinter Freizeit- u. Erlebnisbad)

Tel.: 0 66 25 - 4 15
Ansprechpartner
Stephan Voegli
Tel.: 0 66 25 - 4 61

Öffnungszeiten:
Täglich 9.30 Uhr – 19.30 Uhr

Eintritt:
Kinder 1,– €, Erwachsene 2,– €

Touristisch fühlt sich Kirchheim dem benachbarten Knüllgebirge verbunden. Unübersehbar weist am Ortseingang das große rote „i" des Touristik-Service Kirchheim auf das hölzerne Info-Haus.

Hier können nicht nur Zimmer reserviert und Wanderkarten erworben werden, sondern auch der „Knülli" als Souvenir.

Zur Gemeinde Kirchheim gehören außerdem die Orte Allendorf, Frielingen, Gersdorf, Gershausen, Goßmannsrode, Heddersdorf, Kemmerrode, Reckerode, Reimboldshausen, Rotterterode und Willingshain.

Gemeinde Ludwigsau

St.-Gallus-Kapelle in Reilos

An der Mündung des Rohrbachs in die Fulda stand früher die von Landgraf Ludwig I. im Jahr 1416 errichtete Burg Ludwigsaue. Von ihr leitet sich der Name der Großgemeinde ab.

Der „Besengrund", wie das Rohrbachtal auch genannt wird, war die Heimat von Korbmachern und Besenbindern. Die Land- und Forstwirte mussten bei den schwierig zu bewirtschaftenden Höhenlagen ihren knappen Lebensunterhalt durch Nebenerwerb sichern. Da am Bachlauf Weiden wuchsen, verdingten sie sich als Korbmacher und Besenbinder. Die meisten hatten in Rohrbach und Gerterode ihre Heimat.

Jedes Jahr im Spätsommer treffen sich in Gerterode die Oldtimer-Fans. Bei Wettbewerben testen Fahrer ihre Geschicklichkeit im Umgang mit historischen Traktoren. Für die Oldies der Autos und Motorräder gibt es eine Orientierungsfahrt.

Weitere Informationen:
Gemeindeverwaltung Ludwigsau
Schulstraße 1
36251 Ludwigsau

Tel.: 0 66 21-92 01-0
Fax: 0 66 21-92 01 92
E-Mail:
ludwigsau@kgrz-kassel.de

Internet:
www.ludwigsau.de
und www.mecklar.de

Oldtimer-Fans treffen sich in Gerterode jedes Jahr am dritten Wochenende im September.

Die kleine Buntsandstein-Kapelle in Reilos ist dem heiligen Gallus gewidmet und stammt aus dem 11. Jahrhundert.

In das Jahr 1355 reicht die erste urkundliche Erwähnung von Tann zurück, das am Zusammenfluss von Rohrbach und Biedebach liegt. Die sehenswerte Fachwerkkirche wurde 1797 errichtet.

Wunderschöne Fachwerkhäuser prägen die Orte Nieder- und Oberthalhausen. In Niederthalhausen hat sich der alte Brauch des Helrod erhalten. Ein mit Stroh umwickeltes Rad wird am Sonntag nach Aschermittwoch auf dem Berg Hardt angezündet und brennend ins Tal herabgerollt. Zuschauer begleiten das Geschehen mit dem Ruf „Helrod, Helrod, Helrod".

Sowohl in Hainrode als auch in Mecklar sind die alten Backhäuser noch in Betrieb. Regelmäßig zieht der Duft von frisch gebackenem Brot durch die Straßen. Die sehenswerte Barockkirche von Mecklar wurde 1734 fertig gestellt.

Erlebnis-Tipp:
Oldtimer-Treffen
Oldtimerfreunde Besengrund e.V.
Vorsitzender, Heinrich Igelbrink
Alte Straße 1
36251 Ludwigsau-Gerterode

Tel.: 0 66 70 - 2 29
Fax: 0 66 70 - 2 49
E-Mail:
fhi-fahrzeugbau@t-online.de

Internet:
www.oldtimerfreunde-besengrund.de

Im Spätsommer treffen sich in Gerterode die Oldtimmer-Fans.

Gemeinde Ludwigsau

Das Mühlrad in Mecklar spiegelt sich im Wasser der Fulda.

Wer auf dem Fulda-Radweg von Bad Hersfeld in Richtung Bebra fährt, findet kurz vor Mecklar rechter Hand eine Wassermühle aus dem Jahr 1539, deren Mühlrad sich malerisch in dem Wasser der Fulda spiegelt.

1899 wurde die bis dahin hölzerne Fuldabrücke in Mecklar durch eine Steinbrücke ersetzt. Seit einigen Jahren startet in deren Nähe am letzten Sonntag im Juli das Sautrogrennen.

Nicht weit von Beenhausen entfernt liegt das privat bewohnte Schloss Ludwigseck.

Zur Großgemeinde Ludwigsau gehören auch die Orte Ersrode, Biedebach, Meckbach und Friedlos, wo die Gemeindeverwaltung, die Grundschule und ein Kindergarten zu finden sind.

Erlebnis-Tipp:
Jedes Jahr am Sonntag nach Aschermittwoch wird der einstmals heidnische Helrod-Brauch gefeiert. Die mit Stroh umwickelten Räder werden den Berg Hardt bei Niederthalhausen hinuntergerollt.

Gemeinde Nentershausen

Fachwerkhäuser und im Hintergrund die Tannenburg, die über Nentershausen wacht.

Mehr als 600 Jahre lang wurde Kupferschiefer in Nentershausen abgebaut. Auch Kobalt-, Nickel- und Schwerspatabbau im Richelsdorfer Gebirge prägten über Jahrhunderte hinweg das Leben. Als letzter wurde der Schacht Schnepfenbusch bei Bauhaus 1934 eingerichtet. 1955 kam das endgültige Aus für den gesamten Kupferschiefer-Bergbau der Region.

Um 1300 hat Ludwig von Baumbach, genannt der strenge Ritter, die Tannenburg als Lehnsburg des Klosters Hersfeld erbaut. Auch heute noch befindet sich die hoch über Nentershausen wachende Burg im Besitz des von Baumbachschen Familienverbandes. Regelmäßig finden mittelalterliche Feste statt.

Das Heimat- und Bergbaumuseum im ehemaligen Amtsgericht gibt Aufschluss über die Bergbau-Aktivitäten und das Leben im Richelsdorfer Gebirge. Es werden interessante Führungen zum Kupferschiefer-Abbau angeboten.

Weitere Informationen:
Gemeindeverwaltung
Nentershausen
Burgstraße 2
36214 Nentershausen

Tel.: 0 66 27-92 03 13
Fax: 0 66 27-92 02 20
E-Mail:
gemeinde-nentershausen@
kgrz-kassel.de

Internet:
www.nentershausen.de

Auffällig ist das rote Fachwerk im Rathaus von Nentershausen.

Vor dem Nentershäuser Fachwerk-Rathaus mit seinen dunkelroten Balken und Erkern steht die als Naturdenkmal geschützte, etwa 600 Jahre alte Gerichtslinde. Unter ihrem ausladenden Blätterdach fanden jahrhundertelang Gerichtstage und Jahrmärkte statt.

Der barock umgestaltete Innenraum der evangelischen Kirche in Nentershausen ist eine der bedeutendsten und interessantesten Schöpfungen der Kirchenbaukunst in Nordhessen.

Die Märchenhütte erinnert an die häufigen Besuche der Brüder Jacob und Wilhelm Grimm im Ort. Sie notierten hier unter anderem das Märchen vom „Singenden Knochen". Eine Stätte der Erholung ist der idyllische Schwanenteich.

Die ehemalige jüdische Synagoge von Nentershausen wurde komplett in den Hessenpark in Neu-Anspach im Taunus umgesiedelt und ist dort seit 1996 zu besichtigen. An ihrem zentralen Holzpfeiler sind noch Spuren der Reichspogromnacht

Ausflugs-Tipp:
Die Tannenburg
Allerley GbR
Tannenberg 2
36214 Nentershausen

Tel.: 0 66 27 - 86 93
Fax: 0 66 27 - 91 58 96
Internet:
www.tannenburg.de

Öffnungszeiten:
Di. – Fr. 10.00 – 12.00 Uhr,
Mi. zusätzlich 16.00 – 21.00 Uhr,
Sonn- & Feiertags 12.00 – 21.00 Uhr,
Karfreitag, Heiligabend und
1. Weihnachtsfeiertag geschlossen.

Gemeinde Nentershausen

Früher färbte sich der Denser See im Winter rot.

zu erkennen, als dieser von der Frauenempore aus angesägt wurde.

Hinter Dens liegt der runde Denser See, der weder Zu- noch Abflüsse hat. Er speist sich aus unterirdischen Wasseradern. An der Westseite sind einige Dolomitbänke erkennbar. Zu einiger Berühmtheit gelangte der See durch ein besonderes Naturphänomen: In unregelmäßigen Abständen färbte sich im Winterhalbjahr das Wasser des Denser Sees rot. Der Sage nach handelte es sich um das Blut einer Seejungfrau, die nach einem Kirmestanz an Land ins Wasser sprang und dabei ihr Leben lassen musste.

Sehenswert ist auch die Fachwerkkirche in Mönchshoßbach. Weißenhasel gelangte direkt nach dem Zweiten Weltkrieg durch die Novelle „Der Arzt von Weißenhasel" von Werner Bergengruen in Literaturkreisen zu einiger Bekanntheit, obwohl der Autor nachgewiesenermaßen nie in der Gegend war.

Literatur-Tipp:
„Der Arzt von Weißenhasel"
von Werner Bergengruen

Nur noch in Antiquariaten erhältlich.

Die Gemeinde ist eingebettet in die Hügelkette des Richelsdorfer Gebirges. Die Reichsregierung beschloss 1934, den Kupferschiefer-Bergbau im Richelsdorfer Gebirge wieder in Gang zu bringen. Dazu wurden einige Schächte neu errichtet, als letzter 1936 Schnepfenbusch bei Bauhaus. Auch ein Waldlehrpfad und ein Vogelschutzpfad laden in die Wälder zum Spazierengehen ein.

Während des Sommerhalbjahres sorgen das neue Erlebnis-Schwimmbad und die Kneipp-Anlage für Wohlbefinden, die Minigolf-Anlage bietet Spaß für jedermann.

Zum seit 1974 staatlich anerkannten Luftkurort Nentershausen gehört auch der Ort Süß.

Gemeinde Neuenstein

Schloss Neuenstein war früher der Stammsitz gefürchteter Raubritter.

Weithin sichtbar thront das Schloss Neuenstein über Saasen, einer vermutlich von Karl dem Großen gegründeten Sachsenkolonie. Albert von Wallenstein erbaute das Schloss 1267 als Neu-Wallenstein, aus dem der Gemeindename Neuenstein wurde. Hessische Truppen zerstörten sie 1318 nach einer Belagerung, doch Simon von Wallenstein baute sie ab 1357 wieder auf. 400 Jahre bewohnte das gefürchtete Raubrittergeschlecht der Wallensteins das Schloss, bevor sie – mangels Erben – 1745 an die Landgrafen von Hessen-Kassel fiel. Die Schwester des letzten Wallensteins verwandte das Familienvermögen 1759 zur Gründung eines adeligen Fräuleinstiftes im nahegelegenen Homberg/Efze, das 1832 noch Fulda verlegt wurde und noch immer existiert. Das Schloss ist heute die historische Kulisse eines modernen Tagungs- und Veranstaltungszentrums. Die Wandgräber der von Wallensteins finden sich in der evangelischen Kirche Raboldshausen, am Fuße des Eisenbergs.

Weitere Informationen:
Gemeindeverwaltung Neuenstein
Freiherr-vom-Stein-Straße 5
36286 Neuenstein

Tel.: 0 66 77-92 10-0
Fax: 0 66 77-92 10 21
E-Mail:
info@neuenstein.net
Internet:
www.neuenstein.net

Das Backhaus in Raboldshausen zeigt historische Szenen.

Szenen mit Frauen in lokaler Tracht, die ihre Brote in den Gemeinschaftsofen schieben, sind auf der Straßenwand des Backhauses in Raboldshausen aufgemalt. An der Tür hängt eine Backhausordnung, die die harte Arbeit des Brotbackens und vor allem des Ofen-Anheizens erläutert.
In Gittersdorf teilen die zwei Fachwerk-Backhäuser den Verkehr wie Inseln in einem Fluss. Auch in Untergeis, Mühlbach, Salzberg, Saasen, Aua und Obergeis spielt sich ein Großteil des dörflichen Lebens vor den alten Backhäusern ab.

Als Kolumbus Amerika entdeckte, hatten die Gittersdorfer ihrer Kirche gerade das Dach aufgesetzt. Reste von alten Wehranlagen unter dem Dach deuten darauf hin, dass das Gebäude auch als Zufluchtsort für die Einwohner gedient haben muss.

Zwischen Raboldshausen und dem Eisenberg beginnen auf dem Waldparkplatz „Stern" mehrere Wanderwege. Der „Eisenberg-Siegelweg" (Kennzeichnung ES) erhielt sogar eine Zertifizierung und zählt zu den schönsten Wegen Hessens.

Gemeinde Neuenstein

Die Bewohner von Gittersdorf suchten früher Zuflucht in der Kirche.

Der archäologische Wanderweg am Eisenberg, 1993 von der Gemeinde Neuenstein eingerichtet, führt auf einer Strecke von knapp sechs Kilometern vorbei an Hügelgräbern aus der Bronzezeit, mittelalterlichen Eisenbergwerken, Steinkreuzen und der Kirchenruine der Wüstung Holnstein. Als Zeugnisse einer Industrielandschaft vom Ende des 16. Jahrhunderts finden sich Relikte des Alaunbergbaus, gut erkennbar an der roten Erde. Auch diese Überreste lassen sich mit Hilfe der Erläuterungstafeln am Wegesrand leicht erkunden. Als reine Gehzeit werden 1,5 Stunden veranschlagt – wer die Tafeln durchliest und sich die archäologischen Überreste ausführlich anschaut, benötigt schnell eine weitere Stunde.

In der Nähe von Raboldshausen findet sich der historische Rundwanderweg „Flachsröste".

Im Winter kann am Eisenberg Ski gefahren und gerodelt werden – nach Einbruch der Dunkelheit sogar bei Flutlicht. Am Parkplatz „Stern" beginnt eine etwa

Wander-Tipp:
Der zertifizierte „Eisenberg-Siegelweg" zählt zu den schönsten Wegen Hessens.

Dieser liegt zwischen Raboldshausen und dem Eisenberg.

6,5 Kilometer lange Loipe für Skilangläufer. Von dem 24 Meter hohen Borgmannsturm sind bei passendem Wetter sogar Taunus und Kellerwald zu sehen.

In Aua gründete der Abt von Hersfeld 1190 ein Nonnenkloster, von dem die ehemalige Klosterkirche mit einem Taufstein aus dem 12. Jahrhundert noch erhalten ist. Sehenswert ist die 1.000-jährige Linde in der Ortsmitte.

Von Bad Hersfeld führt ein schöner Radweg durch das Geistal bis nach Raboldshausen.

Die Gemeinde Neuenstein sieht sich auch als Bestandteil des Tourismuskonzepts Schwalm-Knüll im Rotkäppchenland.

Marktgemeinde Niederaula

Im Bürgerhaus von Niederaula war früher ein Hospital.

Kaiser Karl der Große schenkte im Jahr 779 einen an der Einmündung der Aula in die Fulda gelegenen Herrenhof an das Kloster Hersfeld. Auf diese Schenkung bezieht sich die erste urkundliche Erwähnung Niederaulas. Das Wahrzeichen Eule stammt vom Flussnamen Aula, der „Eulenbach“ bedeutet.

Heftig litt Niederaula unter den Wirren des 30-jährigen Krieges. 1647 waren von den einstmals 900 Haushalten im Gerichtsbezirk Niederaula nur noch 200 übrig. Der Ort selbst schrumpfte von ehemals 134 auf nur noch 18 Haushalte zusammen. Doch ab dem 18. Jahrhundert wuchs die Bevölkerung wieder an.

Eine große Feuersbrunst legte 1541 den Großteil Niederaulas in Schutt und Asche. Der Hersfelder Abt förderte als Landesherr den Wiederaufbau nach Kräften. 1571 ließ er in Niederaula ein Hospital für Alte, Mittellose und Kranke des gesamten Stiftsbezirks Hersfeld errichten. Das Hospital hat das Stift Hersfeld um

Weitere Informationen:
Gemeindeverwaltung der
Marktgemeinde Niederaula
Schlitzer Straße 3
36272 Niederaula

Tel.: 0 66 25-92 03-0
Fax: 0 66 25-92 03 22
E-Mail:
info@niederaula.de
Internet:
www.niederaula.de

Das neue Rathaus
in der ehemaligen
Steinschen Scheune

drei Jahrhunderte überlebt. Im Jahr 1900 war das Gebäude derart baufällig, dass es abgerissen werden musste. An gleicher Stelle ließ die Hospitalverwaltung ein neues Krankenhaus und Altenheim bauen. Als die Bewohner 1961 in das Kreisaltenheim übersiedelten, wurde das mit einem für die damalige Zeit charakteristischen Schmuckfachwerk versehene Gebäude mit den dunklen Balken zum Rathaus umfunktioniert und dient heute als Bürgerhaus.

Das neue Rathaus wurde im Jahr 2000 in der 1862 erbauten, denkmalgeschützten „Steinschen Scheune" eingeweiht.

Ein typisches Souvenir aus Niederaula ist eine Thermoskanne. Seit 1963 werden die weltweit bekannten Rotpunkt-Kannen hergestellt.

Von dem 1990 vollständig sanierten Turm auf der 473 Meter hohen Mengshäuser Kuppe bietet sich ein weiter, loh-

Einkaufs-Tipp:
Eulenmarkt
Gemeindevorstand der
Marktgemeinde Niederaula
Schlitzer Straße 3
36272 Niederaula

Tel.: 0 66 25-92 03-0
Fax: 0 66 25-92 03 22
E-Mail:
info@niederaula.de

An jedem ersten Samstag im Monat findet auf dem großen Platz am Rathaus der Niederaulaer Eulenmarkt statt.

Marktgemeinde Niederaula

Kanutouren auf der Fulda sind beliebt und machen Spaß. In Mengshausen, Solms und Kerspenhausen wurden Anlegestellen eingerichtet.

nender Blick über Kuppenrhön, Knüll und Vogelsberg. Unterhalb der Kuppe findet sich das „Franzosengrab“, das an den Mord von zwei französischen Marketendern erinnert.

Bahnfans treffen bei Niederaula auf die längste ICE-Brücke der 1991 von der Deutschen Bundesbahn in Betrieb genommenen Neubaustrecke Hannover–Würzburg.

1791 erhielt Niederaula das Recht, jährlich drei Jahr- und zwei Viehmärkte abzuhalten. Um an diese Tradition als Marktgemeinde anzuknüpfen, findet seit 2002 an jedem ersten Samstag im Monat auf dem großen Platz am Rathaus der „Eulenmarkt“ statt. Regionale Erzeuger bieten ein breites Sortiment an, unter anderem „Ahle Worscht“ und Holzofenbrot. Im Rahmen einer Gewerbeausstellung zeigen die heimischen Betriebe und Dienstleister ihre Waren und Sortimente.

Restaurant-Tipp:
Zum alten Forsthaus
Haupstraße 15
36272 Niederaula

Tel.: 0 66 25-17 17
Fax: 0 66 25-18 11
Internet:
www.forsthaus-niederaula.de

Öffnungszeiten:
Di.–So. 11.00–14.00 Uhr,
Montag ist Ruhetag.

Vom Flugplatz Hattenbach aus starten Rundflüge mit Motorsegler, Segelflugzeug oder Ultraleichtflieger.

Nicht nur der überregionale Fulda-Radweg führt durch die Gemeinde Niederaula. In Mengshausen zweigt von ihm der radelnswerte Aulatal-Radweg ab.

Kanutouren auf der Fulda sind ein besonderes Freizeitangebot. Dazu wurden im Jahr 2008 Anlegestellen in Solms, Mengshausen und Kerspenhausen eingerichtet.

Zu Pfingsten findet seit einigen Jahren das dreitägige Rockmusik-Festival Joss-Stock am Sängerplatz in Niederjossa statt.

Zur Marktgemeinde Niederaula gehören auch Hilperhausen, Kleba und Roßbach.

Marktgemeinde Philippsthal

Ins Schloss von Philippsthal ist die Gemeindeverwaltung eingezogen.

An der Stelle des 1191 gegründeten Benediktinerklosters ließ Prinz Philipp, der Bruder des hessischen Landgrafen Karl, 1686 ein Schloss errichten. Heute hat die Gemeindeverwaltung ihren Sitz in den Räumen des Schlosses. Ein Kleinod ist die ehemalige landgräfliche Bibliothek. Der kleine, blau restaurierte Raum mit seiner aufwändigen Stuckdecke dient als Gemeindebibliothek auch dieser Tage noch der Leselust. Hochzeitspaare erinnern sich gere an den als Trauzimmer genutzten prächtigen Sitzungssaal, in dem die Tapeten mit ihrem lebendigen Muster schon mehr als 180 Jahre alt sind.

Südlich von Schloss und Kirche führen Alleen durch den Schlosspark zu der 1731 errichteten Orangerie, an die sich die neue Kreuzberghalle anschließt. Im Schloss ist der Sitz des Rathauses, in das Torbogenhaus zog schon zu Zeiten des kalten Krieges das Grenzmuseum ein.

Über die Werra führt eine rote Steinbrücke nach Vacha. Nach der Wiedervereinigung

Weitere Informationen:
Gemeindeverwaltung Philippsthal
Schloss 1
36269 Philippsthal

Tel.: 0 66 20-92 10-0
Fax: 0 66 20-92 10 41
Internet:
www.philippsthal.net

Sprechzeiten:
Mo.–Fr. 8.00–12.00 Uhr,
Mo.–Di. 13.30–15.30 Uhr,
Do. bis 18.00 Uhr

Die „Brücke der Einheit" führt vom hessischen Philippsthal ins thüringische Vacha.

wurde sie „Brücke der Einheit" genannt. Als Deutschland noch geteilt war, verhinderte eine Mauer den Blick ins Thüringische. Noch immer sind auf der Vachaer Werra-Seite ein alter DDR-Wachturm und bunt bemalte Mauerstücke zu sehen.

Ein besonders eindrucksvolles Beispiel, wie unmenschlich die deutsche Teilung war, bietet das Haus Hoßfeld direkt bei der Brücke. Die Hoßfeldsche Druckerei verlegte von 1893 bis 1945 die „Rhön-Zeitung", die vorrangig in Thüringen Verbreitung fand. Weil in Preußen die Steuern niedriger waren, stand das Haus exakt auf der hessisch-thüringischen Grenze. In der Silvesternacht 1951 wurden alle Druckmaschinen aus Angst vor Enteignung in den hessischen Teil des Hauses gebracht und der Durchgang zum thüringischen Hausteil zugemauert. Die DDR verwehrte der Besitzerin jeglichen Zugang zu dem östlichen Hausteil. Erst 1976, nach Grundlagenvertrag und erneuter Grenzvermessung, konnte Frau Hoßfeld ihr Haus wieder komplett nut-

Museums-Tipp:
Grenzmuseum in Philippsthal
Im Torbogen vom Schloss
36269 Philippsthal/Werra

AWO-Vorsitzende
Elisabeth Herrmann
Tel.: 0 66 20-14 32
oder Gemeindeverwaltung
Tel.: 0 66 20-92 10-0

Die Führung dauert etwa eine Stunde und ist kostenlos.

Marktgemeinde Philippsthal

Der Blick auf den Kaliberg von der Werra aus

zen. Ein neuer Eigentümer plant ein Begegnungszentrum, in das künftig auch das Grenzmuseum einziehen soll.

Die Kaliindustrie ist der strukturbestimmende Wirtschaftsfaktor im Werratal; Kali + Salz ist auch größter Arbeitgeber in der Gemeinde. Als von weitem sichtbares Wahrzeichen erhebt sich über Röhrigshof der „Monte Kali".

Im ehemaligen Hugenottendorf Gethsemane wurde ein einräumiges Hugenottenhauses errichtet. Der Nachbau kann auch besichtigt werden.

Durch Philippsthal führt der Werra-Radweg. Auf dem ruhigen Fluss lässt es sich gut paddeln – Kanutouren erfreuen sich wachsender Beliebtheit.

Zur Gemeinde gehören auch die Orte Heimboldshausen mit seiner hübschen Fachwerkkirche, Harnrode und Unterneurode.

Spazier-Tipp:
Gehen Sie über die „Brücke der Einheit" von Philippsthal nach Vacha und stellen Sie sich dabei vor, wie es war, als dort die DDR-Grenzmauer stand. Nicht so bunt wie die Berliner Mauer, aber baugleich, verhinderte sie den Sichtkontakt zwischen den Bürgern beider deutscher Staaten.

Gemeinde Ronshausen

Das ehemalige Schulgebäude steht unterhalb der Wehrkirche.

Oberhalb der Durchgangsstraße grüßt weithin sichtbar die Kirche mit ihrer schiefergedeckten Turmhaube. An den aus der ersten Hälfte des 13. Jahrhunderts stammenden romanischen Chorturm mit Apsis wurde das gotische Kirchenschiff später angefügt. Die kleine Kirche gilt als eine der schönsten Dorfkirchen Deutschlands. Ihre Malereien sind das Vorbild für den osthessischen Bauernbarock. Der unauffällige Bruchsteinbau der einstigen Wehrkirche lässt von außen nicht erahnen, welche stimmungsvolle Pracht das barocke Innere aufweist. 1719 bemalte Johannes Kauffuld aus Kleinalmerode bei Kassel das Holztonnengewölbe über dem Kirchenschiff mit fröhlichen Engeln, die musizierend über die Wipfel der Bäume schweben. Im Zentrum des Sternenhimmels scheinen die Engel über dunklen Gewitterwolken zum Reigen um die Sonne aufzuspielen. Auf die Emporenbrüstungen malte er im naiven Stil biblische Szenen. Nach dem Umbau der Kirche, in dem viel Holz in den Innenraum kam, passte nach Meinung des damaligen

Weitere Informationen:
Touristinformation Ronshausen
Haus des Gastes
Eisenacher Straße 20 – 22
36217 Ronshausen

Tel.: 0 66 22-92 31 19
Fax: 0 66 22-92 31 20
E-Mail:
touristik@ronshausen.de

Internet:
www.ronshausen.de und
www.ronshausen-touristik.de

Ein musizierender Engel schwebt fröhlich aus einer Wolke in der Barockkirche zu Ronshausen.

Pfarrers der Altar aus Sandstein nicht mehr dazu. Kurzerhand ließ er ihn gegen den Willen der Gemeinde aus der Kirche schaffen. Heute steht der Altar nebenan auf dem Platz vor dem evangelischen Gemeindehaus.

Unterhalb der Kirche steht das älteste Schulgebäude Ronshausens. Es bestand aus nur einem Klassenraum und einer sehr kleinen Lehrerwohnung. Erbaut 1631, diente es bis 1850 als Schule. Heute ist es in Privatbesitz.

Mitten durch Ronshausen schlängelt sich die Ulfe. Am östlichen Ortsausgang lädt das beheizte Frei(zeit)bad BadePark Ronshausen die ganze Familie zum Bade-, Sport- und Freizeiterlebnis. Besonders die 52-Meter-Rutsche begeistert.

Rund 120 Kilometer gut ausgebaute und beschilderte Rad- und Wanderwege in einer Höhenlage zwischen 234 und 469 Metern mit Rastmöglichkeiten laden zum Wandern, Spazierengehen, Walking und Radfahren ein. Der Premium-Rundweg

Ausflugs-Tipp:
Evangelische Kirche Ronshausen
Pfarrer Thomas Nickel
Im Kirchtal 10
36217 Ronshausen

Tel.: 0 66 22-74 02
Fax: 0 66 22-91 94 77
E-Mail:
Ev.Pfarramt.Ronshausen@t-online.de
Internet:
www.ronshausen.de

Jeden Sonntag um 9.30 Uhr findet der Gottestdienst statt.

Gemeinde Ronshausen

Der Schlüssel für die Fachwerkkirche in Machtlos hängt rechts neben der Tür.

„Hessen-Extratour" Ronshausen ist seit 2006 mit dem Deutschen Wandersiegel ausgezeichnet.
Flyer und GPS-Daten zum Downloaden unter www.ronshausen-touristik.de

Naturfreunde und Familien genießen den Schmetterlingsweg, den Wald-Informationspfad und den 3,5 Kilometer langen Erlebnispfad Steinbachtal mit Geocaching, der Schatzsuche mit GPS-Navigation. GPS-Gerät mit gespeicherten Koordinaten ausleihbar.

Vollständig umgeben von dichter Waldkulisse liegt Machtlos mit seinen hübschen Fachwerkhäusern und der kleinen Dorfkirche im Steinbachtal. Die aus dem Jahr 1851 stammende Dorfkirche lädt zur Besichtigung ein – der Schlüssel hängt rechts neben der Eingangstür. Malerisch schmiegen sich die 170 Ferienhäuser des Ferienparks an den Hang des Steinkopfes.

Während der Sommerferien kann man auch Traktor-Touren, Kreativ-Kurse, ge-

Wander-Tipp:
„Hessen-Extratour": Durch die drei idyllischen Täler (Marbach-, Steinbach- und Silzerbachtal) führt der Weg durch Hochwaldbestand, vorbei an mächtigen Baumveteranen. Der Allerhättenberg garantiert bemerkenswerte Aussichten. Die Extratour ist beidseitig ohne Karte begehbar.

Start / Ziel:
Wanderparkplatz Marbach (Ortseingang Ronshausen), Wanderparkplatz Ferienpark (Machtlos), Länge: 17,8 km, Dauer: 5 Stunden

Weit schweift der Blick über das zu Spaziergängen einladende Marbachtal.

führte Rad- und Wanderausflüge buchen. An der Tankstelle in Ronshausen werden Fahrräder verliehen.

Mountainbiker aus ganz Deutschland fahren beim ultimativen „Waldhessen-Pur-MTB-Bike-Marathon" mit. Nach vorheriger Anmeldung stehen vier Streckenlängen zwischen 20 und 111 Kilometer zur Auswahl. So ist vom Familienradler bis zum Hardcore-Mountainbiker für jeden etwas dabei.

17 Radrundtouren zwischen dem Fulda- und Werratal sorgen auf 700 km für erlebnisreiches Radwandern.

Ronshausen wurde 1966 zum staatlich anerkannten Luftkurort ernannt. Machtlos erhielt das Prädikat „Erholungsort" im Jahr 1983.

Schönwetter-Tipp:
BadePark Ronshausen
Am Sportplatz
36217 Ronshausen

Tel.: 0 66 22-91 52 39
E-Mail:
badepark@ronshausen.de
Internet:
www.ronshausen-touristik.de

Öffnnungszeiten:
Mitte Mai – Mitte September
täglich von 9.00 – 19.00
oder 20.00 Uhr

Stadt Rotenburg a. d. Fulda

Fachwerkhäuser säumen das Ufer der Fulda in der Rotenburger Altstadt.

Das an der engsten Stelle des Fuldatales gelegene malerische Landgrafenstädtchen Rotenburg ist eine „Fachwerkperle", die einen Abstecher von der Deutschen Fachwerkstraße lohnt.

Während der Absonderung eines Teils von Hessen im Zuge der so genannten „Rotenburger Quart" war Rotenburg zwischen 1627 und 1834 die „Hauptstadt" Hessens. Davon zeugt die prächtige Schlossanlage, in der heute ein Ableger der Landesfinanzschule untergebracht ist.

Auch Landgraf Philipp der Großmütige, bekannt als Vorkämpfer der Reformation, lebte in Rotenburg. Obwohl er bereits seit 1523 verheiratet war, verliebte er sich in Margarethe von der Saale. Philipp entschloss sich, sie „zur Linken" zu heiraten. Da er beichtete, drei Hoden zu besitzen, nahmen Luther und Melanchton das Verlangen des Landgrafen hin. Offiziell heiraten durfte er aber nicht, er ehelichte seine „Zufrau" heimlich im Rotenburger Schloss. Trotzdem wurde er als Bigamist verhaftet, entging aber wegen seiner Ver-

Weitere Informationen:
Verkehrs- und Kulturamt
Weingasse 3
36199 Rotenburg a. d. Fulda

Tel.: 0 66 23-55 55
Fax: 0 66 23-93 31 53
E-Mail:
verkehrsamt@rotenburg.de

Internet:
www.rotenburg.de und
www.mittleres-fuldatal.de

Hochwassermarken an einem Haus direkt an der Fulda

dienste um Kaiser Karl V. der Todesstrafe. Im Parterre des Marstalls befanden sich Pferdestall und Kutschenhalle, in den oberen Stockwerken Kanzleiräume und Zimmer für Bedienstete und Durchreisende. Im Weißen Haus, dem heutigen Kreisheimatmuseum, waren früher die Gesinderäume und die Wohnräume der Landgräfinnen vor der Niederkunft und als Wöchnerin.

Politischer und wirtschaftlicher Mittelpunkt der Stadtgeschichte ist der Marktplatz vor dem im Renaissance-Stil gebauten Rathaus. Innen befinden sich herrliche Holzschnitzereien und ein repräsentativer Treppenaufgang. Schon im Vorgängerbau wird 1277 ein Kaufhaus der Wollenweber im oberen Saal genannt.

Der Marktplatz mit dem alten Kump (Brunnen) und der später gebauten alten Wache vermitteln historisches Flair. Neben dem Westportal der Jakobi-Kirche aus dem 15. Jahrhundert sind die mittelalterlichen Maßangaben Messgert und

Ausflugs-Tipp:
Nachtwächter-Rundgang
Buchbar über das
Verkehrs- und Kulturamt der
Stadt Rotenburg a. d. Fulda

Tel.: 0 66 23-55 55
Fax: 0 66 23-93 31 53
E-Mail:
verkehrsamt@rotenburg.de
Internet:
www.rotenburg.de

Die Führung dauert ca. 1,5 Stunden.

Stadt Rotenburg a. d. Fulda

Eine Bank vor dem Fachwerkhaus in der Rotenburger Fußgängerzone lädt zum Ausruhen ein.

Klafter in den roten Sandstein geschlagen. Hier konnten die Markthändler im Streitfall öffentlich nachmessen.

Die mehr als fünf Meter hohe Wehrmauer wurde vermutlich bereits bei der Stadtgründung vor 1248 angelegt und führte komplett um die Altstadt. Von den sechs Wach- und Verteidigungstürmen sind noch zwei Rundtürme erhalten. Auch der Hexenturm wurde zeitweise als Gefängnis genutzt. Die letzte eingesperrte Hexe ist für 1668 bezeugt.

Im Winkel von Burggasse und Am Hexenturm ist ein Kleinst-Bauernhof erhalten geblieben. Die kleinen Türen belegen, dass sich hier früher arme Handwerker mit Hühnern, Ziegen und Schweinen ein Zubrot verdient hatten. Heu und Stroh lagen auf dem Dachboden. Im Parterre des Wohnhauses rechts daneben wurde die Kuh gehalten.

Das älteste Wohnhaus Rotenburgs in der Breitenstraße 39 wurde vermutlich unmittelbar nach dem großen Stadtbrand

In der prächtigen Schlossanlage ist ein Ableger der hessischen Landesfinanzschule untergebracht.

im Jahr 1478 erbaut. Um einen erweiterten Wohnraum zu gewinnen, ragt das Obergeschoss mit seinen reich verzierten Balken in die Straße hinein.

Gleich neben der Fuldabrücke liegt die „Türkei". An den Wiener Türkenkriegen beteiligte sich auch der Sohn eines Rotenburger Landgrafen. Von dort brachte er einige Türkinnen und Türken als „Beute" mit. Vielleicht waren diese die Vorfahren der heutigen Familiensippe Türk, die in einigen der sich aneinander schmiegenden Häuschen seit 1787 wohnten und nach denen die enge Gasse benannt wurde.

Mit Sonnenrosen im Stil der Weserrenaissance ließ sich der Amtmann John Ratzenberg 1555 die Alte Landvogtei im Steinweg 15 erbauen. Zwischen 1600 und 1880 ging das Haus in Staatsbesitz über und wurde Landvogtei, das heißt Verwaltungs- und Gerichtssitz.

Verziertes Fachwerk, alte Hausinschriften, geschnitzte Türen und reiche Bauzier in

Museums-Tipp:
muzkkka – Museum für zeitgenössische Kunst, Kultur und Karikatur
Obertor 8
36199 Rotenburg a. d. Fulda

Tel.: 0 66 23 - 9 14 85 14
Fax: 0 66 23 - 9 14 85 15
E-Mail:
mail@muzkkka.de
Internet:
www.muzkkka.de

Öffnungszeiten:
Di. – So. 10 – 18 Uhr,
Der Eintrittspreis differiert je nach Ausstellung.
Erwachsene zahlen bis zu 9,– €.

Stadt Rotenburg a. d. Fulda

Dörflich geht es zu in der engen Gasse der „Türkei".

den Ständerbalken und im Geschossgebälk machen das Fachwerkensemble in der Brotgasse einzigartig.

Große internationale Kunst findet ihre Ausstellung auch in Osthessen. Deutschlands „Karikaturenpapst" Walther Keim hat in seinem (Un-)Ruhestand 2009 das Kunst- und Karikaturenmuseum „muzkkka" aus der Taufe gehoben.

Die Rotenburger erhielten ihren Spitznamen „Bornschisser", nachdem sie – um die Belagerung und Plünderung der Burg zu beenden – ihre Notdurft in den Brunnen (Born) verrichteten und somit den Trinkwasservorrat der Feinde verunreinigten. Ein Gedenkstein an diese historische Begebenheit wurde im Schlosspark neben dem Minigolfplatz errichtet.

Rotenburgs Stadtteil Braach lädt im Sommer einmal im Monat zum traditionellen Kuckucksmarkt ein. Auf dem Bauern- und Kunsthandwerkermarkt findet sich vom frischen Kohl und Bauernbrot über die viel gerühmte „Ahle Worscht" bis hin

Wellness-Tipp:
„Rodenberg Spa"
Göbel's Hotel Rodenberg
Heinz-Meise-Straße 98
36199 Rotenburg a. d. Fulda

Tel.: 0 66 23-88 11 00

Das Bad ist täglich geöffnet und verfügt auch über einen sehr schönen Saunabereich.

zum Zierbrunnen oder den handwerklich angefertigten Glas- und Porzellanpuppen eine Vielzahl an Produkten, die in Güte und Qualität so nur selten zu kaufen sind. In dem in einem privaten Garten stehenden Backhaus von Braach werden heute wieder Brote gebacken.

Immer am ersten Wochenende im Juli feiern die Rotenburger ihr großes Heimat- und Strandfest. Der idyllische Rotenburger Weihnachtsmarkt mit einer der größten Weihnachtspyramiden Deutschlands zieht alljährlich im Dezember viele Besucher an.

Seit 1993 der Wohnmobilpark eingeweiht wurde, gilt Rotenburg als Mekka der Wohnmobilisten.

Der Fulda-Radweg R1 führt direkt am Fluss entlang in die Altstadt.

Durch die Renaturierung des unteren Fuldaabschnittes bei Rotenburg ist eine naturnahe Flussaue direkt an der Fulda entstanden. Die Fulda erlebt man im Abschnitt der Stadt Rotenburg in ihrem Wildflusscharakter mit Auenwäldern und altarmähnlichen Stillgewässern sowie den hierfür typischen Tier- und Pflanzenarten. So haben sich mit der Renaturierung der Fulda wieder Tierarten, wie der selten gewordene Eisvogel angesiedelt.

Empfehlenswert sind Wanderungen zum Katzenkopf oder zum mit 550 Metern höchsten Aussichtspunkt im Altkreis Rotenburg auf dem Alheimer. Bis zur bewirtschafteten Alheimer-Hütte kann man mit dem Auto fahren. Der kurze Aufstieg zum 112 Stufen hohen Alheimerturm lohnt sich – er gilt als schönster Aussichtspunkt des mittleren Fuldatals.

Zum seit 1971 staatlich anerkannten Luftkurort Rotenburg a. d. Fulda gehören auch die Stadtteile Atzelrode, Dankerode, Erkshausen, Lispenhausen, Mündershausen, Schwarzenhasel und Seifertshausen.

Ausflugs-Tipp:
Floßfahrt mit dem „Fulda-Böckchen"
Verkehrs- und Kulturamt
Weingasse 3
36199 Rotenburg a. d. Fulda

Tel.: 0 66 23-55 55
Fax: 0 66 23-93 31 53
E-Mail:
verkehrsamt@rotenburg.de

Internet:
www.rotenburg.de und
www.mittleres-fuldatal.de
oder über Göbel's Hotel Rodenberg
Tel.: 0 66 23-88 11 00

Gemeinde Schenklengsfeld

Der vermutlich älteste Lindenbaum Deutschlands steht im Ortskern von Schenklengsfeld.

Auf dem ehemaligen Schenklengsfelder Marktplatz wächst die wohl älteste Linde Deutschlands. Der Baum wurde im Jahr 760 gepflanzt und hat inzwischen einen Stammumfang von 18 Metern. Lange Zeit diente sie als Gerichtslinde des Amtes Landeck, Verurteilte standen hier am Pranger. Doch man traf sich in ihrem Schatten auch zum Tanz, woran das alle zwei Jahre gefeierte Lindenblütenfest erinnert.

Ein imposantes Bauwerk ist die evangelische Pfarrkirche St. Mauritius mit ihrem etwa 40 Meter hohen Turm, der zu einer kleinen Kapelle gehörte. Sie dürfte im Jahr 1232 erbaut worden sein. Der historische Dorffriedhof Schenklengsfelds gilt als der am besten erhaltene Dorffriedhof Deutschlands. Die 263 aus dem regionalen Buntsandstein handwerklich kunstvoll bearbeiteten Grabsteine sind teils über 350 Jahre alt. Diese „sprechenden Grabsteine" legen Zeugnis ab über das Leben in der Region: Neben Engelsgestalten finden sich Anker, Kronen, Blumen, Trauben und sogar ein Paar in Landecker

Weitere Informationen:
Gemeindeverwaltung
Schenklengsfeld
Rathausstraße 2
36277 Schenklengsfeld

Tel.: 0 66 29-92 02-0
Fax: 0 66 29-92 02 17
E-Mail:
hauptamt@schenklengsfeld.de
Internet: www.gemeinde-schenklengsfeld.de

Am Ortsrand von Schenklengsfeld liegt der jüdische Friedhof.

Tracht. Auf ihren Rückseiten ist der so genannte „Leichentext" zu lesen.

Außergewöhnlich ist die aus dem frühen 17. Jahrhundert stammende achteckige Holzgerüst-Totenkapelle mit ihrem hohen spitzen Turmhelm. Eine kleine Ausstellung zur Beerdigungskultur wird derzeit in der „alten" Friedhofskapelle zusammengetragen.

Eine zweite Gräberstätte am südlichen Ortsrand ist ebenfalls sehenswert: der jüdische Friedhof. Etwa 120 Gräber aus der Zeit zwischen 1870 und 1938 tragen zum Teil hebräische Inschriften. Die jüdische Gemeinde besaß seit 1850 eine eigene Volksschule, in der ein jüdischer Lehrer unterrichtete. Im 1912/1923 von der Gemeinde erbauten Haus für den Lehrer befindet sich seit 2000 das kleine JudaicaMuseum. Zusammen mit der Judaica-Fachbibliothek wurde das Projekt 1999 mit dem hessischen Denkmalschutzpreis ausgezeichnet.

Restaurant-Tipp:
„Zur Linde"
An der Linde 11
36277 Schenklengsfeld

Tel.: 0 66 29-3 59
Fax: 0 66 29-75 67
E-Mail:
info@geheb.de
Internet:
www.geheb.de

Gemeinde Schenklengsfeld

Das „Strohhäischer"-Denkmal in Schenklengsfeld erinnert an den Spitznamen der Gemeindebürger.

Seit Mai 2001 steht in Schenklengsfeld das „Strohhäischer"-Denkmal gegenüber dem Bürgermeisteramt zum Andenken an das schwere Los der Bauern der umliegenden Dörfer. Sie mussten bis 1828 Heu und Stroh für die Pferde der Forstbeamten nach Schenklengsfeld liefern. Dazu sammelten (heischten) sie auch die übriggebliebenen Strohhalme von den abgeernteten Feldern.

Auf dem südwestlichen Kopf des Landeckers stehen die Ruinen der Burg Landeck. Ein zauberhafter Spazierweg durch Buchenwald führt zur Ruine. Sie gehörte einst zu den kleinsten Burgen Hessens. Die Reste der dicken Ringmauern und die tiefen, noch gut sichtbaren Wallgräben lassen die Größe der aus dem 12. Jahrhundert stammenden Burg erahnen. Sie wurde im Bauernkrieg 1525 zerstört. Die Burg gab dem Landecker Amt seinen Namen. Ihr Trinkwasser holten die Burgbewohner aus dem Eselsbrunnen, der als Nachbau zu finden ist.

Museums-Tipp:
Judaica-Museum
Im Lehrerhaus der ehem. jüdischen Gemeinde,
Landecker Straße 37
36277 Schenklengsfeld

Kontakt über den 1. Vorsitzenden des Förderkreises, Karl Honikel
Tel.: 0 66 29-77 36
Fax: 0 66 29-80 90 43
Internet: www.judaicamuseum.de

Öffnungszeiten:
Ganzjährig in Gruppen nach Absprache, Eintritt frei.

Vom knapp 25 Meter hohen Soisbergturm schweift der Blick weit in die Kuppenrhön.

2003 wurde der Soisbergturm neu errichtet – von der Plattform aus schweift der Blick weit in die Kuppenrhön.

Die Adeligen der Familie von Lengsfeld hatten im 13. Jahrhundert das Amt des Schenken beim Abt von Hersfeld inne. Daher erhielt der Ort seinen Namen Schenklengsfeld.

Zur Gemeinde Schenklengsfeld gehören die Orte Dinkelrode, Erdmannrode, Hilmes, Konrode, Landershausen, Malkomes, Oberlengsfeld, Schenksolz, Unterweisenborn, Wehrshausen, Wippershain und Wüstfeld.

Restaurant-Tipp:
Tafelhaus Steinhauer
Hersfelder Straße 8
36277 Schenklengsfeld

Tel.: 0 66 29-2 22
Fax: 0 66 29-72 33
E-Mail:
info@tafelhaus-steinhauer.de
Internet:
www.tafelhaus-steinhauer.de

Gemeinde Wildeck

Die evangelische Kirche in Obersuhl wird für ihre gute Akustik gerühmt.

Die Ursprünge der Gemeinde Wildeck finden sich auf dem Schlossberg bei Raßdorf, wo einst die Burg Wildeck stand. 1298 wurde die Anlage erstmals urkundlich erwähnt. Beim Bau des Jagdschlosses im Jahr 1727 durch Landgraf Ernst-Leopold von Hessen-Rotenburg erhielt sie den Namen Blumenstein, unter dem die Ruine hauptsächlich bekannt ist. Das Schloss wurde 1874 wegen Baufälligkeit abgerissen. Heute sind nur noch Reste der Parkanlage zu sehen, beispielsweise ein Bogendurchgang.

Neben dem Inselsteich steht ein hoher rötlicher Sandstein-Obelisk mitten in einer Pferdekoppel. Seine Steine sollen aus der Ruine Blumenstein stammen.

Die auf einem Bergsporn liegende gotische Kirche und das ehemals von Cornbergsche Herrenhaus beherrschen das eindrucksvolle Dorfbild Richelsdorfs. Trotz der überbordenden Ausmalung wirkt die vorwiegend in Grau, Hellblau und Rot gehaltene Barockkirche durchaus elegant. Auf Betreiben von Anna Magdalena von

Weitere Informationen:
Fremdenverkehrsamt Wildeck
Eisenacher Straße 98
36208 Wildeck-Obersuhl

Tel.: 0 66 26-92 00-0
Fax: 0 66 26-92 00 50
E-Mail:
gemeindewildeck@t-online.de
Internet:
www.wildeck.de

Einmalig ist die Bemalung der Dorfkirche in Richelsdorf mit Motiven aus dem Kupferschiefer-Bergbau.

Cornberg wurde die Kirche dem barocken Zeitgeschmack gemäß umgestaltet. An der Schildwand über dem Epitaph steht „Anno 1716" geschrieben – das Jahr, zu dem die umfangreichen Arbeiten an der Patronatskirche beendet wurden. Gegenüber dem von Cornbergschen Herrschaftsstand zieht die Kanzel mit ihrer hübschen Schnirkelkrone auf dem Schalldeckel die Blicke auf sich. Im Unterschied zu anderen Barockkirchen Osthessens schweben zwischen den Wolken am Tonnengewölbe keine musizierenden Engel – stattdessen zieren fromme Sprüche Decke, Wände und die Emporenfächer. An der Stirnseite grüßen zwei Bergleute und erinnern an den Kupferschieferabbau im Richelsdorfer Gebirge.

Rhäden

Bei Obersuhl und Bosserode bildet sich aus Seggen-, Röhricht-, Schlamm- und Wasserflächen das Naturschutzgebiet Rhäden. Die Auenlandschaft ist ein landesweit bedeutendes Refugium für Pflanzen und ein Dorado für Vogelbe-

Kirchen-Tipp:
Auf einem Bergsporn erhebt sich die aus dem Mittelalter stammende gotische Richelsdorfer Kirche. Sie wurde um das Jahr 1800 reich ausgeschmückt mit Ranken, Blüten und Blättern, den Kirchenhimmel zieren Wolken und Sterne, Sonne und Mond. Dazwischen sind Bibeltexte und Motive aus dem Kupferschiefer-Bergbau zu finden. Das Geld für diese barocke Bemalung stiftete die Adelsfamilie von Cornberg.

Gemeinde Wildeck

Die Wasserflächen des Rhäden bieten Lebensraum für seltene Vögel.

obachter. Hier finden die gefährdete Sumpfschwertlilie und die Sumpfdotterblume ihren idealen Standort. Die meisten Amphibienarten sind in Hessen vom Aussterben bedroht – im Rhäden quaken Laubfrosch, Wasserfrosch, Kreuz- und Erdkröte sowie Gelbbauchunke und Teichmolche. Kiebitz, Bekassine und Schafstelze brüten hier. Auch Zugvögel schätzen den Rhäden als Rastplatz. Kraniche, Eisvögel, Reiher und Störche werden regelmäßig gesichtet, sogar die auf der „Roten Liste" stehenden Seeadler und Rauchseeschwalben wurden hier bereits nachgewiesen. Als Teil des „Grünen Bandes" von Naturschutzgebieten entlang der ehemaligen DDR-Grenze trägt er zur Vernetzung der Naturflächen bei, die durch immer weiter gehende Zersiedlung der Landschaft und Zerschneidung der Biotope durch Straßen Gefahr laufen, genetische Inseln zu werden. Um den Rhäden herum verläuft der gut beschilderte, sechs Kilometer lange Rhäden-Rundweg, der für Fußgänger und Radfahrer bestens geeignet ist. Informa-

Ausstellung-Tipp:
Rhäden-Ausstellung
in der Blumensteinschule
Rhädenweg 15
36208 Wildeck-Obersuhl

Tel.: 0 66 26-2 82 von 7.00 – 14.30 Uhr
Fax: 0 66 26-7 70 12
E-Mail: verwaltung@blumensteinschule.de

Internet:
www.blumensteinschule.de

Graugänse sind im Rhäden heimisch.

tionen und eine kleine Rhäden-Ausstellung gibt es im Naturschutzzentrum, das seine Räume in der Blumenstein-Schule bezogen hat.

In der evangelischen Kirche Bosserode stehen ein wertvoller Flügelaltar und eine Pietá. Wegen ihrer guten Akustik wurde die evangelische Kirche in Obersuhl bereits mehrfach für Musikaufnahmen genutzt.

Der Gemeindename Wildeck ist vielen Deutschen ein Begriff durch das schwergewichtige Volksmusik-Duo „Wildecker Herzbuben".

Der Spitzname der Hönebacher lautet „Wolkenschärcher" (Wolkenschieber). Früher regneten sich bei Ostwind die Regenwolken über dem Ort ab und lösten sich somit auf. Seit dem Aufschichten des Kaliberges bleiben die Wolken schon an diesem hängen.

Musik-Tipp:
Wildecker Herzbuben
Management Wildecker Herzbuben
Wilfried Gliem
36208 Wildeck

Tel.: 0 66 78-92 00-0
Fax: 0 66 78-92 00 17
E-Mail:
wilfried.gliem@t-online.de
Internet:
www.wildecker-herzbuben.com

Schnellsuche(n) – schnell finden!

SEITE	ORTE / GEMEINDE			
8 – 11	Gemeinde Alheim	Öko-Bauernhof Kirchhof in Oberellenbach	Riedmühle bei Oberellenbach	Kirchhoffest in Oberellenbach
		Öko-Landschulheim in Licherode	Töpferei in Oberellenbach	
		Wasser-Erlebnispfad in Niedergude	Wasser-Erlebnispfad in Niedergude	
		Wald-Wunder-Weg in Licherode	Korbflechter in Sterkelshausen	
			Wehrkirchhöfe in Ellenbach	
			Schmiedegarten in Erdpenhausen	
12 – 20	Stadt Bad Hersfeld	Jahnpark	Stiftsruine	Bad Hersfelder Festspiele
		Lullusfest	Katharinenturm	Lullusfest

STÄDTE & GEMEINDEN

Historischer Rundwanderweg bei Oberellenbach		Wasser-Erlebnispfad in Niedergude	Öko-Bauernhof Kirchhof in Oberellenbach	
Kulturhistorischer Wanderweg bei Heinebach				
Lützelstrauch & Kerntäler bei Licherode				
Wald-Wunder-Weg in Licherode				
Historischer Rundgang	Gotische Stadtkirche	Kurbad Therme		Fulda-Radweg
Solztal-Kinderweg	Stiftsruine	Aqua-Fit		Jahnpark

Schnellsuche(n) – schnell finden!

SEITE	ORTE / GEMEINDE			
12 – 20	Stadt Bad Hersfeld	Aqua-Fit	Vitaliskreuz	
		Solztal-Kinderweg	Schloss Eichhof	
			Mückenstürmer-Denkmal	
24 – 27	Stadt Bebra	Wasserturm-Express	Friedrichshütte bei Iba	Fischerfest an den Breitenbacher Seen
		Drachenfest bei Iba		Drachenfest bei Iba
28 – 29	Gemeinde Breitenbach a. Herzberg	Freizeitzentrum „Silbersee"	Burg Herzberg	Ritterfestspiele auf der Burg
		Mittelalter-Weihnachtsmarkt auf der Burg	Freizeitzentrum „Silbersee"	Mittelalter-Weihnachtsmarkt auf der Burg
		Ritterfestspiele auf der Burg		Hippie-Meeting auf der Burg

	Stadtmuseum			
	Konrad-Duden-Museum			
	Katharinenturm			
Naturerlebnisweg bei Iba	Eisenbahnmuseum	Breitenbacher Seen	Wildgehege Elferstaler Teiche	
	Spielzeugsammlung in Solz		Bienen-Schaukasten bei Iba	
	Barockkirche in Weiterode			
	Wasserturm-Express			
	Kapelle der Burg Herzberg			
		Freizeitzentrum „Silbersee“		

Schnellsuche(n) – schnell finden!

SEITE	ORTE / GEMEINDE			
30 – 32	Gemeinde Cornberg	Sandsteinmuseum im Kloster	Kloster Cornberg	Kultursommer im Klosterhof
34 – 39	Gemeinde Friedewald	Burgruine	Burgruine	
			Schlosshotel „Prinz von Hessen"	
			„Nadelöhr"	
			„Dicke Eiche"	
40 – 42	Gemeinde Hauneck		„Alter Friedhof" in Unterhaun	
			Ruine in Unterhaun	
44 – 48	Marktgemeinde Haunetal		Burgruine Hauneck	Bauernmarkt in Neukirchen
			„Dicker Turm" in Holzheim	
			Jüdischer Friedhof in Rhina	

Doline bei Rockensüß	Sandstein-museum im Kloster			
„Dicke Eiche“	Heimat-museum im Schloss			
Panorama-Rundgang auf dem Dreienberg	Walters-kirche im einstigen Waldrade-berg			
Spazierweg nach Ham-mundeseiche	Gießlings-kirche im „Kessel“			
	Dorfkirche in Unterhaun			Haune-Radweg
	Dorfkirche in Oberhaun			
Mengshäuser Kuppe	Kirche in Wehrda			
„Lange Steine“ bei Unterstoppel	Barocke Kirche in Odensachsen			
Moor bei Wehrda	Kirche zu Neukirchen			

Schnellsuche(n) – schnell finden!

SEITE	ORTE / GEMEINDE			
50 – 55	Stadt Heringen		„Monte Kali" zw. Kleinensee und Wölfershausen	
			Mahnmal bei Bodesruh	
			„Rohrlache" bei Widdershausen	
			Forstbotanischer Garten in Herfa	
58 – 60	Gemeinde Hohenroda		Geyso-Schloss in Mansbach	
			Kirche in Ausbach	
62 – 65	Gemeinde Kirchheim	Seepark		Ostermarkt
		Natur-Erlebnis-Park		
		Schwimmbad		

Mahnmal bei Bodesruh	Werra-Kalibergbau-Museum	Kanutouren auf der Werra		Werratal-Radweg
Soisbergturm in Soislieden	Kirche in Mansbach			
	Kirche in Ausbach			
	Heimatstube in Ransbach			
	Heimatstube in Mansbach			
Spaziergang um den See	„Scheune an der Aula"	Seepark	Natur-Erlebnis-Park	Aula-Radweg 11
Burgmannsturm auf dem Eisenberg		Schwimmbad		Seepark

Schnellsuche(n) – schnell finden!

SEITE	ORTE / GEMEINDE			
66 – 68	Gemeinde Ludwigsau		St.-Gallus-Kapelle in Reilos	„Helrod" in Niederthalhausen
			Sautrogrennen bei Mecklar	Oldtimertreffen in Gerterode
70 – 73	Gemeinde Nentershausen	Mittelalterliche Feste auf der Burg	Tannenburg	
			Märchenhütte	
74 – 77	Gemeinde Neuenstein		Schloss Neuenstein	

	St.-Gallus-Kapelle in Reilos	Sautrogrennen bei Mecklar		Fulda-Radweg
	Fachwerkkirche in Tann			
	Barockkirche in Mecklar			
Richelsdorfer Gebirge	Heimat- und Bergbaumuseum	Erlebnis-Schwimmbad		
Waldlehrpfad im Richelsdorfer Gebirge	Evangelische Kirche			
Vogelschutzpfad im Richelsdorfer Gebirge	Fachwerkkirche in Mönchshoßbach			
Archäologischer Wanderweg am Eisenberg				Loipe auf dem Eisenberg
Eisenberg-Siegelweg				Geistal-Radweg

Schnellsuche(n) – schnell finden!

SEITE	ORTE / GEMEINDE			
74 – 77	Gemeinde Neuenstein			
78 – 81	Marktgemeinde Niederaula			Eulenmarkt
				Rockmusik-Festival Joss-Stock in Niederjossa
82 – 84	Marktgemeinde Philippsthal		Schloss	
			„Brücke der Einheit" bei Vacha	
			Hoßfeldsche Druckerei	
86 – 89	Gemeinde Ronshausen	Frei(zeit)bad BadPark	Dorfkirche	
		Kirche im Steinbachtal	Einstige Wehrkirche	

„Flachsröste" bei Raboldshausen				
Borgmannsturm auf dem Eisenberg				
Mengshäuser Kuppe				Fulda-Radweg
„Franzosengrab" an der Mengshäuser Kuppe				Auatal-Radweg
	Grenzmuseum im Schloss	Kanutour auf der Werra		Werra-Radweg
	Kirche in Heimboldshausen			
Schmetterlingsweg im Steinbachtal	Dorfkirche	Frei(zeit)bad BadPark		Frei(zeit)bad BadPark
Wald-Informationspfad im Steinbachtal	Kirche im Steinbachtal			Mountainbike-Marathon

Schnellsuche(n) – schnell finden!

SEITE	ORTE / GEMEINDE			
86 – 89	Gemeinde Ronshausen	Traktor-Tour	Kirche im Steinbachtal	
		Erlebnispfad Steinbachtal		
90 – 95	Stadt Rotenburg a. d. Fulda	Strandfest	Fachwerk-Altstadt	Kuckucksmarkt in Braach
			Schloss	Strandfest
			Rathaus	Weihnachtsmarkt
			Wehrmauer	
			Hexenturm	
			„Türkei"	
96 – 99	Gemeinde Schenklengsfeld		Historischer Dorffriedhof	Lindenblütenfest
			Jüdischer Friedhof	
			Älteste Linde	
			Totenkapelle	
			Soisbergturm bei Soislieden	

Erlebnispfad Steinbachtal				„Hessen-Extratour“
„Hessen-Extratour“				
Katzenkopf	„muzkkka“	Fulda-Böckchen		Fulda-Radweg R 1
Alheimer	Jakobi-Kirche			
	Kreisheimat-museum			
Burgruine Landeck	Pfarrkirche St. Mauritius			
Soisbergturm bei Soislieden	Judaica-Museum			

Schnellsuche(n) – schnell finden!

SEITE	ORTE / GEMEINDE			
100 – 103	Gemeinde Wildeck		Barockkirche Richelsdorf	

Rhäden bei Obersuhl u. Bosserode	Barockkirche Richelsdorf		Rhäden bei Obersuhl u. Bosserode	Rhäden bei Obersuhl u. Bosserode
	Kirche in Bosserode			
	Kirche in Obersuhl			
	Rhäden-Ausstellung in der Blumenstein-Schule			

Bauernbarock-Tour

Bunte Engel musizieren im Tonnengewölbe der Kirche in Haunetal-Odensachsen.

Route:
Haunetal-Odensachsen – Hauneck-Bodes – Hohenroda-Ausbach – Hohenroda-Mansbach – Bebra-Weiterode – Ronshausen – Wildeck-Richelsdorf – Nentershausen – Mitterode – Wichmannshausen

Als das Erzbistum Fulda im 18. Jahrhundert seine Kirchen immer prunkvoller ausschmückte, wollten die protestantischen Nachbarn nicht nachstehen. Die Dörfer nahmen all ihre Kraft zusammen und malten die evangelischen Pfarrkirchen prächtig aus.

Außerhalb Osthessens sind die kunsthistorisch einmaligen evangelischen Bauernbarock-Kirchen weitgehend unbekannt. Von einer einstmals viel größeren Gruppe sind heute im ganzen östlichen Hessen nur noch 17 Kirchen erhalten. Meist abseits der Hauptstraße des Dorfes gelegen sind die kleinen Kirchen aus dem heimischen roten Bruchstein gebaut. Ihre Ursprünge reichen zurück in gotische und romanische Zeiten, die Kirchtürme tragen barocke Schieferhauben. So unauffällig ihr Äußeres ist, so farbenfroh und unverwechselbar sind die Innenräume. Die prachtvolle barocke Farbigkeit überrascht den Besucher. In den meist als Wolkenhimmel ausgemalten hochgewölbten Holztonnendecken schweben Engel. Sie musizieren zwischen Wolken, Sonne, Mond und Sternen. Malerisch verziert sind auch die Brüstungen der Emporen:

Blumenmotive der ehemaligen Dorfgärten finden sich hier ebenso wieder wie die Gesichter der Bauern des Dorfes, die für Apostel und Evangelisten als Modell dienten.

Doch so ähnlich die zugrunde liegende Idee der Kirchenbemalung ist, so individuell sind die Malereien in ihrer Ausführung. In der Kirche zu Richelsdorf wird beispielsweise Bezug genommen auf die Bergbautradition des Ortes. Nur in Skandinavien gibt es ähnliche Kirchenbemalungen – was nicht verwundert, denn einer der osthessischen Maler erhielt Aufträge von den dortigen protestantischen Gemeinden und übertrug die Gesichter seiner hessischen Heimat in die skandinavischen Kirchen.

Unklar ist, woher der Name „Bauernbarock“ stammt: Entweder haben tatsächlich Bauern ihre Kirchen ausgemalt, oder man leitet die Bezeichnung von der Ähnlichkeit zur Bauernmalerei ab.

Haunetal-Odensachsen

Ein wunderschöner Kirchenhimmel in kräftiger blauer Grundfarbe mit mehreren Dutzend bauschigen Wolken, in denen Engel die unterschiedlichsten Instrumente spielen. Beim Bauernhof links unterhalb der Kirche kann man den Schlüssel erbitten.

Hauneck-Bodes

Das kleine Kirchlein aus dem Jahr 1576 erhielt im 18. Jahrhundert vierseitige zweigeschossige Emporen. Es ist einfach aber reichlich ausgemalt.

Hohenroda-Ausbach

Die barocke Kirche mit dem sie umgebenden Wehrkirchhof mit den Schießscharten in den dicken Mauern stammt aus dem Jahr 1730.

Hohenroda-Mansbach

Evangelische Pfarrkirche, wahrscheinlich aus dem 15. Jahrhundert, ausgemalt im 17. Jahrhundert. Sie ist die älteste osthessische Bauernbarockkirche.

Die Ausmalungen in der Mansbacher Kirche sind gerade erst restauriert worden und erstrahlen in neuem Glanz! Sollte die Kirche geschlossen sein, gibt es den Schlüssel im Lebensmittelgeschäft oder im Wäschegeschäft.

Pfarramt Mansbach
Tel.: 0 66 76-3 41

Bauernbarock-Tour

Einst Wehrkirche, dann Bauernbarock-Juwel: Die evangelische Kirche in Ronshausen zählt zu den schönsten Dorfkirchen Deutschlands.

Bebra-Weiterode

Evangelische Pfarrkirche, die zu Beginn des 18. Jahrhunderts eine doppelte Empore und eine durchgehende Holztonnendecke erhielt und von zwei unbekannten Künstlern mit Gemälden reich ausgeschmückt wurde.

Ronshausen

Die Pfarrkirche wurde wohl in der ersten Hälfte des 13. Jahrhunderts erbaut und 1715 umgebaut und erhielt neben der Holztonne und den zweigeschossigen Emporen auch ihre vollständige Ausmalung. Hier kann der Besucher Adam und Eva, Kain und Abel suchen und leicht entdecken. Die Kirche ist täglich von 10 bis 16 Uhr geöffnet.

Pfarrer Thomas Nickel
Tel.: 0 66 22-30 45

Wildeck-Richelsdorf

Die heutige Kirche geht auf eine gotische Anlage aus dem 14. Jahrhundert zurück, die im 30-jährigen Krieg durch die Kroaten zerstört und 1637 wieder aufgebaut wurde. Eine zweigeschossige Empore, die Holztonne und die reiche Ausmalung zeichnen diese Kirche aus. Einzigartig sind Motive, die sich auf die örtliche Bergbautradition beziehen.

Pfarrer Holger Grewe
Vor der Gasse 8, 36208 Richelsdorf
Tel.: 0 66 26-3 06, E-Mail:
Ev.Pfarramt.Richelsdorf@t-online.de

Fromme Sprüche zieren die Wände der Richelsdorfer Kirche.

Nentershausen

Die evangelische Kirche ist schon von außen durch ihren Burgvorturm bemerkenswert. Innen besticht die Ausmalung aus dem Jahr 1706 mit dunklen Wolken, die sich im Scheitel teilen und einen Blick in den Himmel freigeben. An den Emporenbrüstungen wurden 26 Schriftmedaillons jeweils durch ein Bildmedaillon erläutert. Ihr Kirchenschiff kommt ganz ohne Stützpfeiler aus. Eine kleine Besonderheit: die Kirche hatte einen eigenen Zugang für den Adel.

Im Sommer durchgehend geöffnet, im Herbst und Winter können Sie sich den Schlüssel holen bei

Pfarrer Rothhardt, Tel.: 0 66 27-2 07 oder
Küster Helmut Hilmes Tel.: 0 66 27-5 90

Mitterode

Die evangelische Vikariatskirche hat ihren Ursprung im 13. Jahrhundert. Ihre Stichbogentonne erhielt die Fachwerkkirche um das 17. Jahrhundert, bemerkenswert ist die Ausmalung im bäuerlichen Barock mit Engeln, Sonne und Sternen.

Wichmannshausen

Das Kirchenschiff der evangelischen Pfarrkiche wurde 1702 neu erbaut und mit schwungvollen Akanthus- und Blumenmotiven ausgemalt.

Burgen- & Schlösser-Tour

Die Burg Herzberg vom im Sommer bewirteten Innenhof aus

Route:
Breitenbach a. Herzberg – Bad Hersfeld – Friedewald – Hohenroda-Mansbach – Nentershausen

Breitenbach a. Herzberg: Burg Herzberg

Burg Herzberg ist die größte Höhenburg Hessens. Von ihren Mauern schweift der großartige Rundblick über Feld und Flur und zieht immer wieder Besucher in seinen Bann.

Die Burg wurde 1265 bis 1298 von Marschall von Romrod erbaut. Während des „Sternerkrieges" lehnte sich 1372/73 ein großer Teil der hessischen Ritterschaft gegen den Landgrafen von Hessen wegen dessen Selbstherrlichkeit auf. Darunter auch Friedrich von Herzberg, der seine Burg zu einem Hauptstützpunkt des „Sternerbundes" machte. Seit 1477 bestimmen die zum hessischen Uradel gehörenden Freiherren von Dörnberg das Geschehen auf der Burg Herzberg. Sie galt als uneinnehmbar und derart sicher, dass Kaiser Maximilian I. 1486 einen Teil der Reichskleinodien – unter anderem das legendäre Einhorn-Schwert – dort aufbewahren ließ.

Die ursprünglich als Wehrkirche erbaute Kapelle mit ihren Grabtafeln gehört zum ältesten Teil der Burg. Im Gerichtsturm ist heute die Gerichtsstube nachmöbliert.

Schloss Eichhof: Zuerst Trutzburg, dann Jagdschloss, heute Bürogebäude

Seit dem 18. Jahrhundert ist die Burg eine malerische Ruine.

Von Breitenbach führt der Weg durch Niederaula und Asbach auf der B 62. Eichhof ist ein Stadtteil von Bad Hersfeld, bevor die eigentliche Stadt beginnt. Im Kreisel rechts ab liegt das Schloss Eichhof.

Bad Hersfeld: Schloss Eichhof

Etwa drei Kilometer südlich von Bad Hersfeld liegt der Eichhof. Hersfelder Äbte errichteten zwischen 1328 und 1372 ein Wasserschloss als Trutzburg gegen die Hersfelder Bürger, die sich gegen die Herrschaft der Kirche auflehnten. Bei einem Umbau zum Jagdschloss wurden um 1580 der Renaissance-Giebel und das Fachwerkgeschoss hinzugefügt. Auf dem Weg vom Reichstag in Worms zur Wartburg wurde Martin Luther auf dem Eichhof von Abt Kuno empfangen und übernachtete vermutlich hier. Das so genannte Lutherzimmer zeugt von diesem Aufenthalt. Heute ist dort das hessische Dienstleistungszentrum für Landwirtschaft, Gartenbau und Naturschutz untergebracht.

Im Sommer bildet der Innenhof des Eichhofs die Kulisse für Theateraufführungen im Rahmen der Bad Hersfelder Festspiele.

Der Weg führt weiter auf der B 62 durch Bad Hersfeld nach Friedewald.

Burgen- & Schlösser-Tour

Vier Türme rahmen die romantische Ruine der Wasserburg in Friedwald ein.

Friedewald: Schloss und Burgruine

Mitten in Friedewald liegt die gut erhaltene Ruine einer der seltenen Wasserburgen Hessens. Diese wurde Ende des 15. Jahrhunderts auf den Grundmauern einer noch früheren Burg (um 1300) erbaut und diente den hessischen Landgrafen aus Kassel als Jagdschloss. Ein Wassergraben führt noch heute um die mit vier Türmen einstmals wehrhafte Burg, die erst im Siebenjährigen Krieg 1762 von französischen Truppen erobert und in Brand gesetzt wurde.

Im Schlosshof plätschert der um 1500 errichtete barocke Drei-Schalen-Brunnen. Die romantische Burgruine, die in den 1980er Jahren komplett saniert wurde, dient heute unter anderem als Kulisse für Musik- und Theater-Aufführungen, beispielsweise im Rahmenprogramm der Bad Hersfelder Festspiele. In einem Flügel des eigentlichen Schlosses sind die Räume des Heimatmuseums zu finden.

Im Nord- und im neugebauten Westfügel wurde 1995 das noble Hotel „Prinz von Hessen" eingeweiht.

Hier gibt es fünf einladende Sterne: Göbel's Schlosshotel bietet sich für eine Einkehr geradezu an.

Über Lautenhausen und Hillartshausen geht es weiter nach Hohenroda. Durch Ausbach, Ransbach und Oberbreizbach fahren wir nach Hohenroda-Mansbach.

Durch den mächtigen Torbogen fällt der Blick auf das Geyso-Schloss.

Hohenroda-Mansbach

Historisch gesehen ist der kleine Ort Mansbach recht interessant, was allein schon die beiden Schlösser belegen.

Schräg gegenüber der Kirche steht das von 1561 bis 1578 errichtete Geyso-Schloss. Unter einem eleganten und gleichzeitig mächtigen Torbogen wird der geschweifte Giebel sichtbar. Seinen Namen erhielt das Schloss von dem hessischen Generalleutnant Johann Geyso, der es im 17. Jahrhundert bewohnte. Nach seinem Erbauer Wilhelm von Mansbach wird es auch „Wilhelmsburg" genannt. Es ist ein typisches Beispiel eines kleinen, dreigeschossigen Renaissance-Landschlosses mit zentralen Hallen. Die Vorbilder der Einzelformen – Giebel, Portal, Risalit – sind in Nordhessen und im Weserraum zu suchen.

In das Fachwerkhaus am Schloss ist 1994 die Heimatstube eingezogen.

Östlich vom Geyso-Schloss liegt das nach seinem ursprünglich blauen Anstrich benannte „Blaue Schloss". Die dreiflüglige Anlage im klassischen Stil errichtete die Familie von Mansbach um 1820 als neuen Wohnsitz aufgrund von Zwistigkeiten mit denen vom Geyso-Schloss. Seit einigen Jahren trägt der anspruchslose Bau mit Dachreiter und Innenhof eine mediterrane Fassadenfarbe und beherbergt Ferienwohnungen.

Einst lebten strenge Ritter auf der Burg Tannenberg, heute feiert man mittelalterliche Feste.

Sehenswert ist auch das Sonnenuhrgebäude, der so genannte Unterhof oder Oberes Mansbacher Schloss. Der Wirtschaftsflügel entstand im Jahr 1569. Er ist umfasst von im Torbereich über einen Meter dicken Mauern mit Schlüsselscharten.

Erneut geht es nach Friedewald, dort auf die A 4 Richtung Erfurt. Von der Abfahrt Wildeck-Obersuhl über Richelsdorf fahren Sie nach Nentershausen.

Nentershausen: Burg Tannenberg

Um 1300 hat Ludwig von Baumbach, genannt der strenge Ritter, die Tannenburg als Lehnsburg des Klosters Hersfeld erbaut. Auch heute noch befindet sich die hoch über Nentershausen auf einem Sporn des Herzberges thronende Burg im Besitz des von Baumbach'schen Familienverbandes. Die Baumbachs zogen aber schon vor dem Jahr 1700 in ihr Herrenhaus zu ihrem Gutshof im Tal. Die mittelalterliche Burg ist von einer Ringmauer umgeben. An einigen Stellen ist diese einstige Verteidungsungsmauer original erhalten, andere Teile wurden neu aufgemauert, um die Burg nach außen hin zu schließen.

Rechts neben dem Eingang steht das um 1690 neu aufgemauerte Burgwartshaus mit seiner Fachwerkfassade. Der Burgwart hütete die Burg, nachdem die Familie von Baumbach die Burg verlassen hatte. Heute dient es als Wirtshaus.

Ein Spektakel ist das Bogenschießen auf der Burg Tannenberg.

Links neben dem Eingang stand das älteste Haus, das „Steinerne Haus", das in historischen Urkunden „alte Kemenate" genannt wurde. Heute werden seine Reste als Terrasse genutzt, an einigen Tagen auch als Biergarten. Der höher gelegene Eingang und die einstmals prächtigen Fenster lassen erahnen, wie repräsentativ das Gebäude einmal war. Im ersten Stock befand sich der alte Rittersaal.

Als Ende des 14. Jahrhunderts die wachsende Familie mehr Wohnraum benötigte, wurde der hohe Wohnturm gebaut und „Neue Kemenate" genannt. Die starken Verriegelungsvorrichtungen an dem Portal, die man heute noch außen und innen an den Wänden erkennen kann, sind typisch für einen wehrhaften Wohnturm, der auch die Aufgabe des Bergfrieds erfüllte. Die Zwischengeschosse mitgezählt lebte man hier auf sieben Etagen. Im Erdgeschoss befand sich die Burgküche, in der zweiten Etage der gotische Kapellenerker mit Kreuzgewölbe. Die darüber liegenden Stockwerke waren Wohnräume, wie die Fensternischen mit Sitzbänken und Wandnischen belegen.

Auf der dem Berg zugewandten Seite stehen Reste des Zwingers mit Zinnen, Schießscharten und Wachgang.

Fachwerk-Tour

Die Fachwerkhäuser in Rotenburgs Innenstadt sind einzigartig.

Route:
Rotenburg a. d. Fulda – Alheim-Oberellenbach – Neuenstein-Gittersdorf – Bad Hersfeld – Haunetal-Wehrda

Rotenburg a. d. Fulda

Das malerische Landgrafenstädtchen Rotenburg a. d. Fulda lädt mit seinen bunten Fachwerkhäusern zum geschichtsbewussten Bummel. Etliche Stunden sollte man fürs ausführliche Erkunden einplanen. Denn die Fachwerkperle mit ihrem historischen Markt und der noch teilweise erhaltenen Stadtmauer mit zwei Rundtürmen bietet reichlich Sehenswertes. Alte Hausinschriften, geschnitzte Türen und verzierte Holzbalken machen die Fachwerkhäuser in Rotenburgs Innenstadt einzigartig – egal ob in der Brotgasse, in der Altstadtstraße („Türkei") oder an der Breitenstraße. Überall hat die Weserrenaissance hier ihre malerischen Spuren hinterlassen. Sehenswert ist auch die Fuldaschleuse aus dem 17. Jahrhundert.

Auf der B 83 fahren Sie nach Norden in Richtung Alheim. In Heinebach biegen Sie links ab, um durch Niederellenbach nach Oberellenbach zu fahren. Etwa 400 Meter vor der Ortseingang ist linker Hand die Riedmühle.

Alheim-Oberellenbach: Riedmühle

Zwischen Bäumen versteckt steht einsam das Gebäudeensemble der Riedmühle. Fachwerkbalken und blau angemalte Fensterläden zieren das privat bewohnte

Seit 2003 dreht sich das Wasserrad der versteckten Riedmühle in Oberellenbach wieder.

Mühlhaus aus der Mitte des 18. Jahrhunderts. Der Stall- und Scheunenteil stammt aus dem späten 19. Jahrhundert. Seit Herbst 2003 dreht sich das Wasserrad der liebevoll restaurierten einstigen Schrotmühle wieder. Eine Mühle wurde an dieser Stelle erstmals im Jahr 1305 urkundlich erwähnt.

Durch Sterkelshausen geht es das Rohrbachtal hinunter nach Ludwigsau-Tann. Dort rechts abbiegen und hinter Heenes rechts das Geistal hinauf. Nach 2,5 km links nach Gittersdorf hineinfahren.

Neuenstein-Gittersdorf: Backhäuser

Als Kolumbus Amerika entdeckte, bauten die Gittersdorfer ihr gotisches Kirchlein in die Mitte des Dorfes und setzten ihm ein Obergeschoss aus Fachwerk auf. Unter dem Dach fanden sich Reste von alten Wehranlagen, was darauf hindeutet, dass das Gebäude auch als Zufluchtsort für die Einwohner gedient haben muss. Im Ortskern sind es zahlreiche Fachwerkhäuser aus dem 18. und 19. Jahrhundert gut erhalten. Zwei Fachwerk-Backhäuser teilen den Verkehr wie Inseln in einem Fluss. Sie werden auch heute noch zu besonderen Gelegenheiten angeheizt.

Wir folgen dem Tal der Geis weiter bis Bad Hersfeld. Wer keinen Parkplatz auf dem Marktplatz findet, kann eines der Parkhäuser nutzen.

Fachwerk-Tour

Aus dem Jahr 1452 stammt das älteste Fachwerkhaus Bad Hersfelds: Das ehemalige Pfarrhaus ist heute ein Küsterhaus.

Bad Hersfeld

Mit historischem Charme wartet die im Jahr 736 erstmals urkundlich erwähnte Kreisstadt Bad Hersfeld auf. Steinerne Geschichte belegen viele Bürgerhäuser und die Reste der Stadtmauer, aber auch eine Vielzahl alter Fachwerkbauten.

Am Marktplatz zeugen die steinernen Patrizierhäuser aus gotischer Zeit mit ihren Renaissance-Giebeln und die gegenüberliegenden Fachwerkhäuser von der letzten Baublüte des Hersfelder Klosters. Um den Linggplatz stehen die ältesten Wohnhäuser der Stadt – manche Keller sind mehr als 1250 Jahre alt. Entdeckungen machen kann der Fachwerk-Suchende am besten in der Wein-, Klaus-, Breiten und Johannesstraße sowie Oberen Frauenstraße, Hanfsack und Neumarkt. Am Kirchplatz findet sich das älteste Fachwerkhaus der Stadt, das Küsterhaus von 1452.

Auf der B 27 fahren wir Richtung Fulda bis hinter Haunetal rechts die Straße nach Wehrda abzweigt.

Haunetal-Wehrda

Laut Rhönführer ist der Haunetaler Ortsteil Wehrda „einmalig". Das intakte Fachwerkdorf baut sich um die im Jahr 1476 errichtete Kirche mit ihrem wehrhaften Chorturm herum auf. Auch das etwas im Hintergrund stehende Pfarrhaus ist sehenswert romantisch.

Das Pfarrhaus steht mitten in dem intakten Fachwerkdorf Wehrda.

Wehrdas Geschichte ist geprägt durch Adelsgeschlechter, die die Entwicklung des Dorfes seit seiner Gründung geprägt haben. Allein die Tatsache, dass der kleine Ort drei Schlösser besitzt, weist ihn als Besonderheit aus: Das Schloss Hohenwehrda beherbergt heute eine Internatsschule. Das „Gelbe Schloss" befindet sich im Privatbesitz. Eine wahre Augenweide ist das „Rote Schloss" mit seinem Fachwerk-Obergeschoss und dem malerischen Fachwerk-Turm.

Kali-Tour

Über kilometerlange Förderbänder wird das Abraumsalz zu einem riesigen Ausleger auf dem Gipfelplateau transportiert.

Route:
Heringen – Merkers

Heringen: Werra-Kalibergbau-Museum

Riesige Produktivitätsfortschritte hat der Einsatz von mineralischem Kalidünger in der Landwirtschaft gebracht. Mit Beginn des Kalibergbaus vor mehr als einhundert Jahren prägt das „weiße Gold" die Region vom mittleren Werratal bis zum Südharz.

Viele hundert Ausstellungsstücke bilden eine eindrucksvolle Entdeckungstour rund um den Kali: Geologie und Mineralogie, Geschichte des Kalibergbaus, Sozial- und Wirtschaftsgeschichte der Region und die Kaliverarbeitung vom Rohsalz zum Kalidünger werden im größten deutschen Spezialmuseum zum Kalibergbau mit mehr als 1.000 Quadratmetern Ausstellungsfläche gezeigt.

„Kali und Kaline" begleiten Kinder durch die Ausstellung zu mehreren Mitmach-Stationen.

An der Kasse gibt es auch die Tickets für die Führung über den „Monte Kali".

„Das Land der weißen Berge"

„Das Land der weißen Berge" ist der Slogan, der den Wandel deutlich macht. Wurden die riesigen Salzberge früher als ungeliebte Abfallhaufen betrachtet, sind die Bewohner der Gegend inzwischen

Steil hinab geht es am „Monte Kali", von hier fällt der Blick auf den zweiten Salzberg.

so stolz auf die weißen Riesen, dass sie ihnen sogar Spitznamen geben: „Kalimandscharo" oder „Monte Kali". Der größte der Salzberge ist der zwischen Kleinensee und Wölfershausen gelegene „Monte Kali", auf dem Steinsalz aus dem Schacht Heringen aufgeschüttet wird. Ein wenig kleiner ist die Abraumhalde bei Philippsthal.

„Monte Kali"

Eine ungewöhnliche Bergtour mit Weitblick bietet eine Besteigung der größten Kali-Abraumhalde der Region, des „Monte Kali", der zwischen Wölfershausen und Kleinensee liegt. Seit 1997 kann man den „Monte Kali" besteigen – geführt von ehemaligen Bergleuten. Zwei Schritte vor, einer zurück – der 15-minütige Aufstieg ist recht steil, das Salz gleichzeitig krümelig und doch fest. 125 Millionen Tonnen schwer und bis zu 300 Metern hoch aufgeschüttet ist der heimliche Star der Region. Bei Sonnenschein blendet sein gleißendes Weiß die Augen. Vom Gipfelplateau, das auf gleicher Höhe wie die umliegenden Bergspitzen ist, schweift der Blick über den Rhäden weit in die Kuppenrhön, zum Alheimer und zum Thüringer Wald.

An seinem Fuß misst der „Monte Kali" 66 Hektar, obendrauf immer noch rund zehn Hektar. In jeder Arbeitsstunde werden 800 Tonnen Steinsalz über ein kilometerlanges Förderband auf den Berg

Kali-Tour

Als einzige nicht bewaldete Erhebung bietet der „Monte Kali" die besten Ausblicke über das Werratal.

gefahren. Das sind immerhin zwei Drittel des insgesamt im Betriebsteil Wintershall geförderten Salzes. Nur das restliche Drittel findet hauptsächlich in der Düngemittelproduktion Verwendung. Beim Durchqueren wirkt das Hochplateau wie eine Mondlandschaft: kalt, farblos, feindlich. Neben und unter den stählernen Maschinenriesen fühlt sich der Mensch ganz klein. Noch etwa 20 Jahre lang will Kali + Salz diese Abraumhalde nutzen und dazu die Grundfläche erweitern. Höher darf nämlich nicht mehr aufgeschüttet werden, weil dazu eine Änderung der internationalen Überflughöhen erforderlich wäre.

Dieser ganz besondere Berg ist aus fast 150 Millionen Tonnen Salz künstlich aufgeschüttet und an seinen höchsten Stellen mehr als 200 Meter hoch. Tag für Tag wächst er um rund 16.000 Tonnen weiter an. Ehemalige Kali-Kumpels führen auf den weißen Berg und über das mehrere Hektar große Haldenplateau.

Führungen für Einzelbesucher finden von März bis Oktober mittwochs und an Sonn- und Feiertagen um 15 Uhr statt, von Mai bis August auch jeden Samstag um 15 Uhr. Die Eintrittskarten müssen vorher im Werra Kalibergbau-Museum in Heringen erworben werden. Der Eintritt kostet 3,– €.

Spektakulär und einmalig: Bis zu einem Meter lang sind die Salzkristalle in der Kristallgrotte im Erlebnisbergwerk Merkers.

Erlebnisbergwerk Merkers

Das Erlebnisbergwerk im thüringischen Merkers (ab Philippsthal die Bundesstraße 62 Richtung Bad Salzungen) gibt Besuchern die Möglichkeit, hautnah die Welt der Bergleute zu erleben – mit eigener Grubenlampe, Einführung in die Bewetterung und einer sich rasant anfühlenden Fahrt durch die Stollen unter Tage. Bis in 800 Meter Tiefe führt die Erlebnistour, bei der unter anderem der größte untertägige Schaufelradbagger der Welt bestaunt werden kann.

Eine weitere Station unter Tage ist der historische Goldraum. Hier wurden zum Ende des zweiten Weltkrieges die Gold- und Devisenbestände der Deutschen Reichsbank und umfangreiche Bestände Berliner Museen eingelagert. Die Grube Merkers geriet nach Kriegsende in den Blickpunkt der Weltöffentlichkeit, als nach Auffinden dieses Schatzes General Eisenhower eine Grubenfahrt unternahm.

Ein einzigartiges Naturwunder stellt die 1981 entdeckte Kristallgrotte mit ihre spektakulären bis zu einem Meter langen Salzkristallen dar.

Kartenreservierung unter der Tickethotline 0 36 95-61 41 01 erforderlich.

Grenz-Tour

Es ist noch nicht lange her, da war Point Alpha der „heißeste Punkt im Kalten Krieg".

Route:
Raßdorf/Geisa – Philippsthal – Wildeck-Obersuhl – Bad Sooden-Allendorf

Mitten in Deutschland zu leben hieß 40 Jahre lang gleichzeitig, mit dem Rücken zur Mauer zu leben. Die Grenze von Ost und West, von Bundesrepublik Deutschland und Deutscher Demokratischer Republik verlief hier. Auch 20 Jahre nach dem Mauerfall sind die Spuren der deutschen Teilung noch sichtbar. Entlang des Grenzstreifens am ehemaligen Eisernen Vorhang läuft das „Grüne Band" – eine weltweit einzigartige Kette von Biotopen. Im Schatten der Grenzzäune und Wachtürme konnte sich die Natur frei entfalten. Was für den Menschen tödlich war, entpuppte sich für die Natur als Segen. Bevor die Natur auch die letzten Grenzanlagen überwuchern konnte, wurden einige als Mahn- und Gedenkstätten erhalten.

Raßdorf/Geisa: Point Alpha

Point Alpha war der „heißeste Punkt im Kalten Krieg". Mitte der 1960er Jahre errichtete die US-Army hier ihren „Observation Point Alpha": Beobachten, Patrouillieren und Abhören beschäftigten die US-Soldaten. Wie an kaum einem zweiten Ort standen sich die Truppen von Warschauer Pakt und Nato hier Auge in Auge gegenüber. Ein Funke hätte im Kalten Krieg das Abwehrszenario der Nato des Planspiels „Fulda Gap" in Gang gesetzt – und die „offensive Vorwärtsverteidigung" hätte zur Zerstörung des lieblichen Hügellands zwischen Rhön und Vogelsberg geführt. Die verlassenen grauen Baracken, Munitionsbunker und der Wachturm werden ebenso in Schuss gehalten wie der Barbeque-Platz und die Kampfpanzer. Zusammen mit dem Grenzmuseum ein paar hundert Meter weiter kommen die Erinnerungen an die noch gar nicht so lang vergangene und doch schon völlig fremde Zeit zurück. Geisa war der westlichste Ort des Warschauer Paktes.

Gedenkstätte Point Alpha
Platz der Deutschen Einheit 1
36419 Geisa
Tel.: 0 66 51-91 90 30
Fax: 0 66 51-91 90 31
E-Mail: service@pointalpha.com
Internet: www.pointalpha.com

Philippsthal: Grenzmuseum und Haus auf der Grenze

Das Grenzmuseum im Torbogenhaus des Philippsthaler Schlosses war ursprünglich eine Informationsstelle des Grenzzolldienstes. Auf Initiative des Zollkommissariats-Leiters wurde bereits 1951 eine Dokumentation der „Zonengrenze" begonnen. Umfangreiche Informationen zur Lage an der früheren innerdeutschen Grenze bietet unter anderem ein Modell der Grenzanlagen mit Kolonnenweg, Selbstschussanlage und Wachturm. Bildtafeln über die Grenzöffnung ergänzen die Ausstellung.

Inzwischen ist die Ausstellung mit Bildtafeln von der Grenzöffnung ergänzt worden. Die Betreuung der Einrichtung hat die örtliche Arbeiterwohlfahrt übernommen.

Wer das Museum besichtigen möchte, wendet sich an die AWO-Vorsitzende Elisabeth Herrmann, Tel.: 0 66 20-14 32, oder auch an die Gemeindeverwaltung, Tel.: 0 66 20-92 10-0.
Die Führung dauert etwa eine Stunde und ist kostenlos.

Es ist im Gespräch, dass die Ausstellung in das Haus Hoßfeld auf der Grenze (Im Torbogen vom Schloss, 36269 Philippsthal/Werra) umziehen soll.

Das Haus auf der Grenze ist ein eindrucksvolles Beispiel, wie unmenschlich die deutsche Teilung war. Im Philippsthaler Ortsteil Weidenhain steht die

Solche Grenzpfosten markierten den exakten Verlauf der DDR-Grenze.

ehemalige Hoßfeldsche Druckerei. Weil in Preußen die Steuern niedriger waren, erbauten die Druckerei-Eigentümer das Haus direkt auf der hessisch-thüringischen Grenze. In der Silvesternacht 1951 wurden alle Druckmaschinen aus Angst vor Enteignung in den hessischen Teil des Hauses gebracht und der Durchgang zum thüringischen Hausteil zugemauert. Die DDR verwehrte der Besitzerin jeglichen Zugang zum östlichen Teil ihres Hauses. Erst nach Grundlagenvertrag und erneuter Grenzvermessung konnte Frau Hoßfeld ihr eigenes Haus wieder komplett nutzen.

Wer über die rote Sandsteinbrücke die Werra überquert findet auf der thüringischen Seite noch Mauerreste und einen ehemaligen Wachturm.

Wildeck-Obersuhl

Zum 20. Jahrestag des Mauerfalls richteten Wildeck-Obersuhl und die angrenzenden thüringischen Gemeinden Gerstungen und Berka einen Grenzlehrpfad ein. An sieben Stationen gibt es Fotos und kurze Texte auf Informationstafeln zu den Grenzsicherungsanlagen, die Opfer, die ums Leben kamen und um die Geschichte der Autobahn bei Obersuhl.
Der Metallgitterzaun samt Spanischen Reitern kann besichtigt werden. Hergerichtet wurden auch Grenzpfosten und ein Beobachtungsturm auf Thüringer Seite.

Grenzmuseum Schifflersgrund: An dieser Stelle verblutete vor dem Metallgitterzaun ein Mann nach einem Fluchtversuch aus der DDR.

Über Richelsdorf führt die Tour weiter auf der B 400 und B 27 nach Bad Sooden-Allendorf.

Bad Sooden-Allendorf: Grenzmuseum Schifflersgrund

Im Jahr 1991 sicherte eine private Initiative die Reste der Grenzanlagen, die nun besichtigt werden können: Außenanlagen und Freiflächen mit dem originalen 1500 Meter langen Metallgitterzaun, der elf Meter hohen Wachturm sowie Gerät und Ausrüstung der Grenztruppen. Die kleine Ausstellung will die Auswirkungen der Teilung auf die Bevölkerung im ehemaligen Grenzgebiet mit Isolation, Vertreibung und hermetischer Abriegelung dokumentieren.

Ergreifend ist das kleine Denkmal im ehemaligen Niemandsland an exakt der Stelle, an der 1982 westdeutsche Grenzsoldaten hilflos mit ansehen mussten, wie bei einem missglückten Fluchtversuch der Flüchtende nach mehreren Schussverletzungen verblutete.

Baum-Tour

Mancher Besucher hat seine Spuren in der Rinde der „Sechs Buchen" hinterlassen.

Rundfahrt:
Ludwigsau-Mecklar – Ludwigsau-Meckbach – Friedewald – Schenklengsfeld – Ronshausen – Alheim-Oberellenbach – Alheim-Licherode – Hauneck-Sieglos

Von Bad Hersfeld fährt man Richtung Bebra auf der B 27. Nach Ludwigsau-Mecklar recht abbiegen. Dort steht vor der Kirche die Luther-Linde. Gepflanzt wurde sie zum 500. Geburtstags des Reformators Martin Luther im Jahr 1983.

Bei Ludwigsau-Meckbach:
„Sechs Buchen"

Was wäre die einstige Region „Buchonia" ohne ihre namensgebenden Buchen? Von Ludwigsau-Meckbach führt eine – öffentliche – Waldstraße nach Friedewald. Mitten im Wald wuchsen aus einem einzigen Buchenschössling sechs hohe schlanke Bäume – daher der Name. Einer fiel vor einigen Jahren einem Sturm zum Opfer, sodass die „Sechs Buchen" heute nur noch fünf sind.

Schenklengsfeld: Linde

Mitten im Ort steht die wohl älteste Linde Deutschlands. Gepflanzt wurde sie im Jahr 760. Einst wurde unter dem mächtigen Lindenbaum Recht gesprochen und Verurteilte an den Pranger gestellt. Doch in ihrem Schatten wurden auch vergnüglich gescherzt und getanzt. Ihr Stammumfang misst mittlerweile rund 18 Meter.

Fünf Erwachsene sind nötig, um den Stamm der mehr als 1000 Jahre alten „Dicken Eiche" zu umfassen.

Der Gasthof „Zur Linde" nebenan ist ideal für eine kleine Pausen-Stärkung … oder Sie machen ein Picknick mitten im Wald bei der nächsten Station. Der Weg führt erneut nach Friedewald (hier können Sie im Göbel's Schlosshotel „Prinz zu Hessen" einkehren und bei der Gelegenheit noch die Wasserburg-Ruine besichtigen) und weiter Richtung Wildeck-Hönebach.

Bei Friedewald: „Dicke Eiche"

Auf dem Parkplatz „Nadelöhr" an der Straße von Friedewald nach Wildeck-Hönebach stellen Sie das Auto ab und spazieren den Waldweg gegenüber einige hundert Meter hinein. Vorbei an den aufgemauerten Resten der einstigen Kirche mit eingezogenem Chor und steinernem Altar geht es links zur „Dicken Eiche". Linker Hand finden sich Reste des einstigen Dorfbrunnens und links neben der Eiche liegt der kleine Dorfweiher. Fünf Erwachsene sind nötig, um den mächtigen Stamm zu umfassen. Der tausendjährige Baum legt Zeugnis ab von der früheren Besiedlung Hammundeseiche. Der 1141 erstmals urkundlich erwähnte Ort wurde etwa 200 Jahre später wieder verlassen. Möglicherweise suchten die Bewohner den Schutz der zu eben dieser Zeit entstehenden Burg Friedewald.

Bei Ronshausen: Eichen-Wanderweg

Kurz vor Ronshausen rechts abbiegen Richtung Machtlos, vorbei am Waldgasthof Immensee bis zum Wanderparkplatz

Baum-Tour

Ein hohler Baum: Rund 800 Jahre hat die alte Gerichtslinde in Alheim-Licherode auf dem Buckel.

(Spitzkehre nach links) fahren. Unterhalb der Rinaldoeiche das Auto abstellen. Nach einem knappen Kilometer erreicht man die Wilhelmseiche. Einen weiteren Kilometer später erreicht man das Marbachtal. Dort rechts halten – nach etwa zwei Kilometern zur Friedrichseiche.

Anschließend entweder den gleichen Weg zurückgehen oder den R5 an Bäreneiche und 5 Linden vorbei zum Steinbachtal. Dem Steinbach folgen bis zurück zum an der Rinaldoeiche abgestellten Auto.

Vorbei an Bebra und Rotenburg fahren wir nach Alheim-Oberellenbach.

Alheim-Oberellenbach: Linde

Die evangelische Kirche mit ihrem spätgotischen Chorturm datiert ins 16. Jahrhundert, doch Ausgrabungen im Inneren förderten 1981 wesentlich ältere Funde zutage. Im ehemaligen Wehrkirchhof mit seiner hohen Ringmauer grenzt an die davorgelagerte historische Gerichtsstätte. Hier wuchs bis zum Wirbelsturm „Kyrill" das Naturdenkmal „Alte Linde". Unter dem Motto „Bin in 200 Jahren wieder da" hat eine Künstlergruppe aus der Not eine Tugend gemacht und eine junge Linde neu gepflanzt.

Alheim-Licherode: Linde

Weiter fahren wir nach Alheim-Licherode. In Licherode ist sogar die Hauptstraße

Am Fuße der mächtigen Buche oberhalb von Sieglos lädt eine Bank zum Verweilen ein.

nach dem wichtigsten Baum des Ortes benannt. Die rund 800 Jahre alte Linde ist hohl – angeblich schlug in ihr ein Blitz ein. Trozdem wächst sie weiter und blüht munter vor sich her. Auf der Inschrift des am Stamm angebrachten Holzschildes wird daran erinnert, dass auch diese Linde früher als Gerichtslinde diente. Noch früher war sie wohl ein Thingplatz, also ein germanischer Versammlungsort.

Über Hauneck-Sieglos: Drei Buchen

Zum Abschluss unserer Tour fahren wir über Bad Hersfeld in Richtung Fulda auf der B 27. In der Ortsmitte von Hauneck-Sieglos links abbiegen in Richtung Eiterfeld und sogleich wiederum links in die Straße „Am Eichgraben". Bergan fahrend findet sich nach etwa 250 Metern eine Parkmöglichkeit. Auf Schusters Rappen folgen wir dem Teerweg. Nach etwa 800 Metern erreichen wir den Waldrand und stehen vor den ehrwürdigen Bäumen. Die Bank am Fuße der mächtigsten Buche lässt uns den Aufstieg bald vergessen. Ein verträumter Ort mit herrlichem Blick über das Haunetal bildet den Abschluss dieser facettenreichen Tour.

Friedhofs-Tour

Ein Davidstern schmückt das schmiedeeiserne Tor des jüdischen Friedhofs in Rhina.

Route:
Haunetal-Rhina – Schenklengsfeld – Hohenroda-Ausbach – Bad Hersfeld – Hauneck-Unterhaun

Begräbnisstätten gewähren außergewöhnliche Einblicke in die lokale Kultur. Der Besuch des Moskauer Prominentenfriedhofs, des jüdischen Friedhofs in Prag oder von „Père Lachaise" in Paris gehört zum Standardprogramm. Auch dörfliche Stätten der letzten Ruhe bieten Interessantes.

Haunetal-Rhina: Jüdischer Friedhof

Starten Sie in Haunetal-Rhina. Nachdem Ende des 19. Jahrhunderts alle jüdischen Bürger aus Fulda ausgewiesen wurde, zogen sie nach Rhina. Noch 1920 war es der einzige preußische Ort mit überwiegend jüdischer Bevölkerung. Zur Gemeinde gehörte auch der Maler Jakob Nussbaum. Etwas außerhalb des Ortes in Richtung Bad Hersfeld sehen Sie links der Bundesstraße 27 den jüdischen Friedhof. Das mit dem Davidstern geschmückte schmiedeeiserne Tor ist in der Regel geschlossen. Die Reihen der Grabsteine mit ihren hebräischen Inschriften und jüdischen Motiven liegen malerisch im friedlichen Tal der Haune.

Schenklengsfeld: Friedhöfe

Ein weiterer jüdischer Friedhof ist in Schenklengsfeld. „In der Aue" kann man das Auto abstellen und die paar Schritte

Der historische Friedhof in Schenklengsfeld zählt zu den am besten erhaltenen Dorffriedhöfen Deutschlands.

über die Straße zum hinter Hecken beinahe versteckten Friedhof gehen. In Reih und Glied geben die Grabsteine auch hier Zeugnis vom einstigen jüdischen Leben. Wer die Kenntnis hierzu vertiefen möchte, kann sich das kleine Judaica-Museum anschauen, das sich im ehemaligen Haus der jüdischen Gemeinde befindet.

Der historische Dorffriedhof Schenklengsfelds zählt zu den am besten erhaltensten Dorffriedhöfen Deutschlands. Die 263 aus dem regionalen Buntsandstein handwerklich kunstvoll bearbeiteten Grabsteine sind teils über 350 Jahre alt. Diese „sprechenden Grabsteine" legen Zeugnis ab über das Leben in der Region: Neben Engelsgestalten finden sich Anker, Kronen, Blumen, Trauben und sogar ein Paar in Landecker Tracht. Auf ihren Rückseiten ist der so genannte „Leichentext" zu lesen, meist ein biblischer Spruch.

Hohenroda-Ausbach: Wehrfriedhof

Nur wenige Kilometer weiter in Hohenroda-Ausbach findet sich einer der hübschesten Wehrfriedhöfe der Region. Die kleine Bauernbarock-Kirche ist umgeben von einer dicken Feldsteinmauer mit hölzern überdachten Tor und schießschartenähnlichen Luken. Die barocken Grabsteine erzählen ganze Familiengeschichten, beispielsweise stehen Vater und Mutter neben ihrer wie die Orgelpfeifen aufgereihten vielköpfigen Kinderschar.

Friedhofs-Tour

Auf eigenen Wunsch wurde der deutsche Rechtscheib-Papst Konrad Duden in Hersfeld beigesetzt.

Bad Hersfeld

Ein Pilgerort für Deutschlehrer und Liebhaber der deutschen Sprache ist der Jugendstil-Grabstein von Konrad Duden auf dem Hauptfriedhof. Der Vater der deutschen Rechtschreibung wurde dort nach seinem Tod in Wiesbaden auf eigenen Wunsch 1911 beigesetzt.

Sehenswert ist auch die frisch renovierte Friedhofskapelle. Die im neoklassizistischen Stil zwischen 1900 und 1904 erbaute Kapelle aus Sandstein schmückt sich mit ihren bleiverglasten Fenstern.

Hauneck-Unterhaun: Alter Friedhof

Zum Abschluss des Tages empfiehlt sich der Besuch des Alten Friedhofs von Unterhaun. Er liegt oben auf dem Kreuzberg. Das Auto stellt man an der kleinen Straße nach Bad Hersfeld ab und läuft zu Fuß den Berg hoch.

Oben warten die Überreste der aus dem 10. Jahrhundert stammenden Kreuzkapelle. Ihre Steine dienten über Generationen hinweg als Baumaterial. Um die einstige Wallfahrtskirche herum sind etwa 50 historische Grabsteine verteilt.

Auf dem Alten Friedhof von Hauneck-Unterhaun erinnert ein Gedenkstein an Georg Groscurth, ein Widerstandskämpfer in der Zeit des Nationalsozialismus.

Ein schlichter Stein erinnert an Georg Groscurth, einen von den Nazis 1944 hingerichteten Arzt, dessen Widerstand 2005 mit dem Ehrentitel „Gerechter unter den Völkern" der israelischen Gedenkstätte Yad Vashem anerkannt wurde.
Vor allem an lauen Sommerabenden ist die friedliche Stimmung erlebenswert.

Motorrad-Tour

Kurven sind das Wichtigste für einen passionierten Biker. Auf der Tagestour gibt es viele „Motorradfahrer-Kurven".

Route:
Die 130 Kilometer scheinen nicht gerade viel für einen Tagesausflug zu sein, doch die Streckenführung ist anspruchsvoll und körperlich durchaus anstrengend. Da auf den Straßen im ländlichen Gebiet auch landwirtschaftliche Fahrzeuge unterwegs sind, ist mit stellenweise verschmutzten Straßen zu rechnen – und nicht jede Kurve ist mit rot-weißen Warnbaken angekündigt.

Von Bad Hersfeld aus geht es zunächst Richtung Alsfeld auf der B 62.
In Asbach links Richtung Haunetal, in Rossbach wieder links Richtung Haunetal. Zwischen Roßbach und Holzheim paaren sich die Höhenunterschiede mit den Kurven und welligem Asphalt. In Holzheim rechts ab nach Kruspis nach Stärklos, weiter Richtung Niederaula/Solms. In Solms abknickende Vorfahrtstraße nach rechts Richtung Niederaula. In Mengshausen links über die Fulda nach Niederaula. Dort wieder links auf die B 62 Richtung Alsfeld. In Breitenbach a. Herzberg geht es am Ortsende rechts nach Oberaula durch Machtlos und Ibra. In Hausen rechts nach Oberaula. Rechts auf die Hauptstraße Richtung Bad Hersfeld und ein paar hundert Meter weiter links Richtung Grebenhagen und Neuenstein-Aua. Im Efzetal geht es weiter Richtung Homberg durch Appenfeld und Wallenstein nach Völkershain.

Auch Bikerinnen lieben die kurvenreichen Straßen.

Vor Völkershain rechts ab nach Ellingshausen. Ein paar Kilometer weiter geht es links ab Richtung Rotenburg a. d. Fulda durch Hainrode. In Ersrode nach rechts auf die Hauptstraße auffahren Richtung Rotenburg a. d. Fulda. An der T-Kreuzung nach rechts Richtung Bad Hersfeld ins Rohrbachtal.

Durch Beenhausen durchfahren. Noch vor Niederthalhausen zweigt links eine Straße ab Richtung Rotenburg a. d. Fulda, der so genannte „Stock". Dieser Streckenabschnitt ist durch die direkt ineinander übergehenden Kurven bei Motorradfahrern sehr beliebt, aber nicht zuletzt wegen der hohen Frequentierung auch eine recht unfallträchtige Strecke. Nach Wüstefeld rechts ab.

Durch Mündershausen hindurch zum Gewerbegebiet Rotenburg a. d. Fulda. Rechts ab nach Bebra-Breitenbach durch Dickenrück und Lüdersdorf.

In Breitenbach links Richtung Bebra/Bad Hersfeld und dann der Beschilderung Wildeck folgen. Durch Ronshausen hindurch. Vor Hönebach Richtung Friedewald rechts ab. Parallel zur Autobahn A 4 durch den Wald. Rechts ab Richtung Friedewald und dann zurück nach Bad Hersfeld.

Konrad Duden
(*1829 – †1911)
Vater der deutschen Rechtschreibung

„Schlag im Duden nach!" ist ein geflügeltes Wort bei Unsicherheiten in der deutschen Rechtschreibung. Als dickes gelbes Buch steht das Werk des ehemaligen Direktors des Königlichen Gymnasiums Hersfeld in fast jedem deutschen Buchregal.

Während seiner Hersfelder Zeit brachte Konrad Duden 1880 das „Vollständige Orthographische Wörterbuch der deutschen Sprache" heraus, das als „Urduden" gilt. Es enthielt 28.000 Stichworte. Im Jahr 1902 beschloss der deutsche Bundestag, Dudens Regeln für alle Bundesstaaten im Deutschen Reich als verbindlich. In der 25. Auflage enthält der „Duden" 2009 rund 135.000 Stichworte.

Maßgeblich beteiligt war er an der Wiedererbohrung der Lullusquelle im Jahr 1904, die den Grundstein für den heutigen Bäderbetrieb bildete.

Obwohl Duden in Wiesbaden starb, wurde er auf eigenen Wunsch auf dem Hersfelder Hauptfriedhof beigesetzt. Dort kann man seinen Grabstein sehen.

Eine Duden-Statue steht im Stiftsbezirk neben der Konrad Zuses.
Die Weltkugel des Dudenbrunnens im Kurpark soll auf die umfassende Auswirkung seines Werkes erinnern.
Seine ehemalige Schule trägt heute Dudens Namen.

Konrad Zuse
(* 1910 – † 1995)
Erfinder des Computers

Die Erfindung des Computers begann 1934 in Berlin mit dem Eingeständnis des angehenden Bauingenieurs Konrad Zuse: „Ich bin zu faul zum Rechnen." Daraus folgte der Bau der ersten frei programmierbaren Rechenmaschine. Die Z3 gilt als erster funktionstüchtiger Computer der Welt. 1949 verließ Zuse Berlin, gründete zunächst in Neukirchen eine Computerbau-Firma, die als Zuse KG 1957 nach Bad Hersfeld umzog. Das Werk wurde an Siemens und dann an die Krone AG verkauft, die es aufsplittete. Der Entwicklungsbereich wechselte zur französischen Thales-Gruppe, während die Fertigung in der EZH aufging.

Im ZDF wurde Zuse 2003 auf Platz 15 der größten Deutschen gewählt.

In dem 2009 erschienenen Roman „Die Frau, für die ich den Computer erfand" beschreibt der Schriftsteller Friedrich C. Delius ein fiktives Zusammentreffen mit Konrad Zuse.

Konrad-Zuse Museum
mit Stadt- und Kreisgeschichte
Kirchplatz 4 – 6, 36088 Hünfeld
Tel.: 0 66 52-91 98 84
Fax: 0 66 52-91 98 79
E-Mail: zuse-museum@huenfeld.de
Internet: www.zuse-museum-huenfeld.de

Wildecker Herzbuben

Volksmusik-Duo

„Herzilein" war der größte Erfolg des schwergewichtigen Duos in den roten Westen. Gemeinsam bringen sie rund 300 Kilo auf die Waage. Wolfgang Schwalm und Wilfried Gliem gehören zu den erfolgreichsten volkstümlichen Musikern Deutschlands. Inzwischen haben sie 13 Alben herausgebracht.

Viele Jahre lang spielten sie zuvor in der gefragten Tanzband Curocas. Die Ex-Studiomusiker und Manager des Schlagerstars G. G. Andersen waren von ihrem Hitparaden-Erfolg selbst überrascht. Mehrere Goldene, Platin- und Doppelplatin-Schallplatten belohnten den Erfolg. Als „Wildcorner Heartboys" spielen sie auch rockigere Musik und Rock'n'Roll.

Ihr Album „Kuschelzeit" stammt aus der Feder von Dieter Bohlen und wurde von ihm produziert.

Übrigens: In der DDR gab es auch eine Musikgruppe namens Herzbuben. Um eine Verwechslung zu vermeiden benannten sich die Leipziger um in „Die Prinzen".

Die Ehefrau von Wilfried Gliem ist die Großcousine des Hollywood-Stars Bruce Willis. Dessen Mutter stammt aus dem nordhessischen Kaufungen.

Weiter Informationen finden Sie unter:
www.wildecker-herzbuben.com

BEKANNTE PERSÖNLICHKEITEN

Frederik Berger (* 1945)
alias Fritz Gesing: Schriftsteller beim Signieren seiner Bücher nach einer Lesung in Bad Hersfeld

Mit bürgerlichem Namen heißt er Fritz Gesing und lebt heute am Ammersee. Den gebürtigen Hersfelder, dessen Vorfahr zur Zeit Napoleons Bürgermeister Hersfelds war, haben vor allem seine Geschichtslehrer an der Alten Klosterschule, eines altsprachlichen Gymnasiums, geprägt.

Nach vielen Jahren als Journalist und Literaturwissenschaftler begab er sich als Autor auf den schmalen Grat zwischen ernsthafter Literatur und Unterhaltung. Er zählt zu den erfolgreichsten deutschen Autoren historischer Romane, schreibt aber auch Sachbücher.

Sein fünfter historischer Roman „Canossa" versetzt den Leser zurück ins Jahr 1077, als der sprichwörtliche gewordene Bittgang nach Norditalien stattfand. Lampert von Hersfeld, auf dessen „geheimen Annalen" der Roman basiert, war ein Geschichtsschreiber und liefert die einzige ausführliche Quelle dieses frühmittelalterlichen Geschehens. Der historische Machtkampf zwischen dem deutschen König Heinrich IV. und Papst Gregor VII. lässt die Einbindung der Region in die europäische Geschichte auf spannende und anschauliche Weise deutlich werden.

Weitere Informationen finden Sie unter:
www.frederikberger.de

Adam von Trott zu Solz
(* 1901 – † 1945)
Widerstandskämpfer

Der Hollywood-Kinofilm „Operation Walküre" mit Tom Cruise als Graf Stauffenberg sorgte weltweit für Furore. Doch dessen Mitstreiter Adam von Trott zu Solz ist heute beinahe vergessen. Dabei knüpfte er als Diplomat das geheime Netz gegen Hitler.

Adam von Trott zu Solz wurde in Potsdam geboren, verlebte seine Kindheit in Berlin, studierte Jura und arbeitete im Auswärtigen Amt. Seine Familie siedelte nach Kassel und 1919 auf den Familiensitz Imshausen bei Bebra über, wo er häufig zu Besuch war. Er gehörte zum inneren Führungszirkel des Kreisauer Kreises und wurde nach dem fehlgeschlagenen Attentat auf Adolf Hitler im Sommer 1944 gemeinsam mit Graf von Stauffenberg in Berlin-Plötzensee hingerichtet.

Als Widerstandskämpfer gegen den Nationalsozialismus ging Adam von Trott zu Solz in die deutschen Geschichtsbücher ein.

Ein großes Holzkreuz erinnert in Imshausen an seinen Beitrag zum Stauffenberg-Attentat.

Weitere Informationen finden Sie unter:
www.stiftung-adam-von-trott.de

Holk Freytag (* 1943)
Intendant der
Bad Hersfelder Festspiele

Kurzinterview

Wie oft waren Sie schon in Bad Hersfeld?
In der Stadt war ich bestimmt schon hundert Mal. Ich bin schon umgezogen – meine Wohnung ist direkt gegenüber der Stiftsruine.

An was denken Sie spontan, wenn Sie „Bad Hersfeld" hören?
Die Stiftsruine ist einer der tollsten Theaterspielstätten der Welt. Sie muss in einem Atemzug genannt werden mit Avignon, Orange, Epidaurus. Sie ist eine der ganz großen magischen theatralischen Orte. Es fasziniert mich, wie die Stadt für die Festspiele lebt.

Was reizt sie an der Intendanz für die Festspiele?
Ich habe noch nie Festspiele gemacht. Es ist etwas völlig anderes als ein ständiger Theaterbetrieb. Das Konzept des internationalen Theaters „Europolis 2050" ist wegweisend und soll endlich die Wichtigkeit der Festspiele auch in der internationalen Theaterwelt betonen.

Existiert Bad Hersfeld für Sie auch außerhalb der Stiftsruine?
Noch kenne ich die Gegend nicht sehr gut. Aber ich freue mich sehr darauf, die wunderschöne Stadt, die umliegenden Wälder, Hügel und auch die Fuldaaue gemeinsam mit meinem Hund zu entdecken.

Friedrich Christian Delius (* 1943)

Schriftsteller: Er zählt zu den bedeutendsten deutschen Autoren der Gegenwart. Sein Vater war Pfarrer in Haunetal-Wehrda, Delius wuchs im dortigen Pfarrhaus auf. Heute lebt er in Berlin und Rom.

Kurzinterview

Zieht es Sie in die Gegend Ihrer Kindheit und Jugend zurück?

Ungefähr einmal im Jahr bin ich hier. Oft fahre ich im ICE vorbei und wünsche mir, dass der Zug hier langsamer fahren würde. Ich kenne noch ein paar Leute, rede gern über die alten und die neuen Zeiten. Am liebsten esse ich Schmandkuchen oder hole beim Metzger in Schletzenrod die Ahle Worscht.

Was würden Sie Besuchern hier zeigen?

Ich würde meine Besucher auf den Stoppelsberg zur Burg Hauneck führen und zum Blick über die weite, grüne Hügellandschaft einladen. Dann würde ich das Städtchen Bad Hersfeld zeigen, mit ihnen durch die Gegend fahren, Hügel und Täler anschauen und natürlich in irgendeiner kleinen Dorfkneipe einkehren.

Welche Begriffe fallen Ihnen zum Kreis Hersfeld-Rotenburg ein?

Wald, Landschaft, Fachwerk, Ruhe – und die Farbe Grün in allen Varianten.

Was bedeutet Wehrda für Sie?

Wehrda ist der Ort, wo mir die Augen aufgegangen sind, wo ich Lesen und Schreiben gelernt habe. Der Ort der hundert Anfänge und prägendsten Eindrücke, vom Fußballspielen bis zu tiefen Freundschaften.

Wehrda ist für mich der Inbegriff des idealen Dorfes – gerade weil es relativ abgeschlossen und ein Nest im besten Sinne ist, das sich in Jahrzehnten nicht viel geändert hat.

In vielen Ihrer Werke kommt diese Region vor …

Wehrda ist öfter der Schauplatz. In einigen Büchern stammen die erfundenen Figuren aus Hessen, bei anderen mache ich mir den Spaß, ihnen Namen aus der Gegend zu geben. Viele regionale Bezüge sind versteckt – und noch zu entdecken.

Zwei autobiographische Bücher spielen in Wehrda?

Viele Erinnerungen an meine Kindheit habe ich in das Buch „Der Sonntag, an dem ich Weltmeister wurde" eingearbeitet, das in mehrere Sprachen übersetzt wurde.

Das Thema des Romans „Mein Jahr als Mörder" begleitet mich seit der frühesten Nachkriegszeit. Die Geschichte Georg Groscurths aus Unterhaun, musste eines Tages erzählt werden.

Auch Ihr Roman „Die Frau, für die ich den Computer erfand" spielt hier. Was hat Sie so an Konrad Zuse fasziniert?

Erst in den achtziger Jahren habe ich das richtig realisiert: Zuse war praktisch ein Nachbar von uns. Während wir in Wehrda in der Schule das Lesen und Rechnen lernten, 1 + 1 = 2, usw., baute er, keine fünf Kilometer entfernt, die modernsten Computer der Welt nach dem binären Prinzip, mit 0 und 1. Was für Welten lagen dazwischen! Und doch direkt nebeneinander! So bin ich auf diesen Mann neugierig geworden. Außerdem, die Figur eines großen Erfinders ist immer faszinierend, und nachdem ich ihn Mitte der achtziger Jahre einmal kurz kennengelernt hatte und seine Lebenserinnerungen gelesen hatte, dachte ich: Über den musst du schreiben.

Haben Sie bei der Recherche Überraschendes über die Person Zuse erfahren?

Ja. Neben den vielen spannenden Details aus dem Leben eines Genies, des Genies vom Haunetal, von Neukirchen, vom Stoppelsberg, hat mich überrascht, dass er sich als faustischen Menschen gesehen hat. Das war ein entscheidender Anstoß zum Schreiben.

Manuela Schmermund (*1971)

Sportlerin: Die Querschnittsgelähmte ist eine der erfolgreichsten Sportschützinnen Deutschlands. Die „Schützin des Jahres" 2005 und 2008 trainiert bei der SGi Mengshausen. Mit Luftgewehr und Kleinkaliber schoss sie auf Europa- und Weltmeisterschaften. 2004 errang sie in Athen Gold und Bronze bei den Paralympics, 2008 in Peking gewann sie Silber mit dem Luftgewehr.

Kurzinterview

Was ist Ihr Lieblingsort?

Schon als Kind hat mir die Mengshäuser Kuppe mit dem Turm gut gefallen. Die Aussicht von dort oben kann ich zwar seit meinem Unfall nicht mehr genießen, aber am Franzosengrab darunter bin ich gerne.

Schön sind auch der Seepark und das Wildgehege in Kirchheim. Als Restaurant mag ich das Bootshaus am Fuldasee in Bad Hersfeld – da kommt man auch im Rollstuhl ohne Stress hin.

Wenn ich neben Beruf und intensivem Training noch Zeit finde, genieße ich Ausflüge in den wunderschönen Wald mit meinem Handbike, einem armgetriebenen Fahrrad.

Kann man als Rollstuhlfahrer in Osthessen gut Urlaub machen?

Vieles klappt ganz gut. Aber es mangelt an behindertengerechten Unterkünften. Wenn ich behinderte Sportkameraden zu Besuch habe, weiß ich nie so richtig, wo ich sie gut einquartieren kann.

Das Kopfsteinpflaster überall in Bad Hersfeld mag ja gut aussehen – aber ohne eine halbwegs fitte Begleitperson hat man es schon nicht leicht. Das gilt übrigens nicht nur für Rollstuhlfahrer, sondern auch für ältere Menschen mit Rollator.

Haben Sie Verbesserungsvorschläge?

Die Region sollte sich Städte wie Berlin und München oder auch Orte aus den USA zum Vorbild nehmen. Dort gibt man sich deutlich mehr Mühe, den alltäglichen Schwierigkeiten von Gehbehinderten zu begegnen.

Was würden Sie als erstes ändern, um die Region für behinderte Besucher attraktiver zu machen?

Ich halte es für einen guten Ansatz Gewerbetreibende Institutionen und Personen durch Anerkennung zu ermutigen. In Heringen geschieht dies bereits seit Jahren, dass behindertengerechte Einrichtungen mit einer Plakette ausgezeichnet werden.

Dies kann Grundlage für ein größeres Angebot behinderter Reisender sein. Vielen entgeht das Potential welches gerade in dieser Bevölkerungsgruppe steckt, dabei ist es eigentlich ganz einfach, wenn man auf die Statistik der Altersentwicklung der Einwohner Deutschlands blickt.

Ich bin guten Mutes, dass wir auf diesem Gebiet zwar erst in den Anfängen sind, sich aber garantiert bald viele darauf konzentrieren werden.

Welche Begriffe fallen Ihnen zu der Region ein?

Ländlich – waldreich – konservativ

Weitere Informationen finden Sie unter:
www.manuela-schmermund.de

Angler finden Ruhe und Erholung in der Natur, beispielsweise am Seepark Kirchheim.

ANGELN

Tages- und Wochenkarten des Angelsportvereins Kirchheim müssen für den See des Seeparks Kirchheim käuflich erworben werden. Voraussetzung dafür ist immer der Besitz eines Angelscheins.

Weitere Informationen erhalten Sie hier: Seepark Kirchheim Freizeitanlage und Tagungshotel, Tel.: 0 66 28-8 80, Fax: 0 66 28-8 81 19; Rezeption Campingplatz Seepark Kirchheim, Tel.: 0 66 28-10 49

Bei Breitenbach a. Herzberg ist das Sportangeln am Silbersee erlaubt. Gastkarten sind erhältlich auf dem Campingplatz. Auch am Breitenbacher See bei Bebra, einigen anderen Baggerseen und an etwa zehn Flusskilometern der Fulda ist das Angeln zulässig. Gästekarten gibt es in Breitenbach bei der Bäckerei Kiel, in der Bahnhofsgaststätte Bebra und bei Angelsport Böhle, Löhrgasse 2 in Bad Hersfeld. In mehreren Kiesgruben im Ortsgebiet von Alheim ist das Sportangeln möglich.

Gästekarten sind unter anderem erhältlich bei: Stückrad, Zum Bahnhof 18, 36211 Alheim, Tel.: 0 66 23-92 25-0, Fax: 0 66 23-91 91 92 und bei dem Angelverein Baumbach, Ernst Schmiedl, 36221 Alheim, Hinter den Kreuzgärten, Tel.: 0 66 23-69 55, E-Mail: 1Vorsitzender@Sac-Alheim.de, Internet: www.sac-alheim.de. Angelkarten gibt es auch beim Verkehrsamt Rotenburg, Tel.: 0 66 23-55 55.

Nicht nur zum Hoffest werden auf dem Kirchhof die Ziegen angeschaut.

BAUERNHOF

Öko-Bauernhof Kirchhof

Viele Bauernhöfe im Kreis Hersfeld-Rotenburg können besichtigt werden. Ein besonderes Vorzeigeprojekt auf der Expo 2000 war der Öko-Bauernhof Kirchhof. Auf ihm wird konsequent ökologisch nach dem Demeter-Prinzip gearbeitet. Mindestens 14 verschiedene naturreine Käsesorten produzieren die Mitarbeiter. Besucher können die offenen Ställe anschauen, 100 Ziegen, 50 Kühe und außerdem noch Pferde und Esel kennen lernen. In der Käserei wird erklärt, wie aus frischer Milch die unterschiedlichen Käsesorten entstehen. Im Gartengelände ist ein Beet angelegt, das die Vier-Felder-Wirtschaft veranschaulicht. Geboten werden Führungen für Besuchergruppen aller Altersklassen – von Kindergartengruppen über Schulklassen, Betriebsausflüge oder Vereine. Am ersten Sonntag im September feiert der Kirchhof sein Hoffest. Für Kinder wird eine Strohburg zum Toben aufgebaut, am Lagerfeuer kann Stockbrot gebacken werden. Wer sich traut, darf auf Eseln reiten, Töpfern oder Filzen lernen – jedes Jahr laden andere traditionelle Handwerker zum Mitmachen ein. Man kann über einen Flohmarkt bummeln, mit der Kutsche fahren oder an Führungen teilnehmen. Käsegerichte, Selbstgebackenes und Säfte aus eigenem Obstanbau sorgen dafür, dass niemand hungrig oder durstig bleibt.

Eine Führung über den Kirchhof dauert zwischen 1 und 1,5 Stunden; Voranmeldung ist erforderlich. Preis: 3,– € für Erwachsene, Schüler und Studenten 1,70 €, Gruppenermäßigung ab 12 Personen.

Der Kirchhof
Godehart Hannig
An der Kirche 6
36211 Alheim-Oberellenbach
Tel.: 0 56 64-17 98
E-Mail: gh@kirchhof-oberellenbach.de
Internet: www.kirchhof-oberellenbach.de

Mustergeflügelhof Häde

Ein landwirtschaftlicher Vorzeigebetrieb ist auch der Mustergeflügelhof Häde. Das Familienunternehmen zählt zu den größten deutschen Bio-Ei- und Hühner-Produzenten. Die Hühner wachsen mit hohen Qualitätsstandards, artgerechter Tierhaltung und eigener Futtermischung ohne leistungsfördernde Zusatzstoffe auf.

Gruppen ab 15 Personen können nach Anmeldung die Geflügelfarm und die Nudelproduktion besichtigen.

Mustergeflügelhof Häde
Zum Strebelsberg
36211 Alheim-Heinebach
Tel.: 0 56 64-93 09 30
Fax: 0 56 64-93 09 31
E-Mail: info@sonnenei.de
Internet: www.sonnenei.de
Bio-Eier, Eierlikör, Hennen und Nudeln gibt es auch im Hofladen:
Lützelfeld 14
36211 Alheim-Heinebach
Montag – Freitag von 8.00 – 12.00 Uhr und nach Terminvereinbarung

BOGENSCHIESSEN

Ein Bogenschütze nutzt mehr als 200 Muskeln. Konzentration und Entspannung verspricht diese fast schon meditative Sportart. Der Bogensport-Club Bad Hersfeld lädt zum Probetraining. Zuerst werden etwa eine Stunde lang Probeschüsse auf sieben Meter Distanz trainiert. Ist dann das Gefühl für Pfeil und Bogen da, wandert die Scheibe immer weiter weg. Die nötige Ausrüstung wie Pfeile und Bogen, Arm-, Finger- und Brustschutz stellt der Verein. Im Winter oder bei schlechtem Wetter findet das Training in der Halle statt – dann sind Hallenschuhe erforderlich. Probetraining ist kostenlos – Spenden erbeten.

Terminabsprache mit dem
Vereinsvorsitzenden Dirk Neuber
Tel.: 0 66 25-4 46 oder
Mobil: 01 71-7 56 17 16
E-Mail: gaeste@bogenundsport.de
Internet: www.bogenundsport.de

FLOSSFAHRT

Das „Fuldafloß" ist ein mit Sitzbänken bestückter Ponton, der für Gruppen bis zu 50 Personen Platz bietet. Die Fahrt findet abhängig von Wasserstand und Wetterlage statt. Die Fahrt beginnt in Höhe des Stadtteils Lispenhausen am Storchensee und endet in der Brotgasse gegenüber dem Schlosspark.

Das Fuldafloß ist buchbar über:
Verkehrs-und Kulturamt
Rotenburg a. d. Fulda
Weingasse 3
36199 Rotenburg a. d. Fulda
Tel.: 0 66 23-55 55
Fax: 9 33-1 53
oder über
Göbel's Hotel-Rodenberg
Tel.: 0 66 23-88 11 00
E-Mail: verkehrsamt@rotenburg.de
Internet: www.rotenburg.de

FLOSSBAU

Auf Floß geht's los: Ein Gruppenerlebnis der besonderen Art ist der Floßbau. Aus Autoreifen und Holzstangen wird ein Floß gebastelt, das bei einer anschließenden Fulda-Tour seine Wassertauglichkeit unter Beweis stellen darf. Teams bis zu zehn Personen können mitmachen. Und anschließend testet eine kleine Gaudi-Tour auf Werra oder Fulda die Schwimmfähigkeit des Gefährts. Pro Team kostet ein drei- bis vierstündiges Floßbau-Event ab 300,– €.

German Quest, Tel.: 0 66 23-91 97 20
Internet: www.german-quest.de

FÜHRUNGEN

Bad Hersfeld

Stadtführungen durch den Stiftsbezirk und die historische Altstadt Bad Hersfelds bietet die:

Tourist-Information Bad Hersfeld
Tel.: 0 66 21-20 12 74
E-Mail: info@bad-hersfeld.de
Internet: www.bad-hersfeld.de

Aktivitäten von A – Z

Rotenburg a. d. Fulda

Erleben Sie Geschichte hautnah bei einer Stadtführung durch das alte Landgrafenstädtchen Rotenburg a. d. Fulda, das mit einem fast geschlossenen innerstädtischen Fachwerkensemble mit über 300 Fachwerkhäusern ein eindruckvolles Bild mittelalterlichen Lebens erkennbar macht. Die Führungen dauern ca. 1,5 Stunden.

Verkehrs-und Kulturamt
Rotenburg a. d. Fulda
Tel.: 0 66 23-55 55
Fax: 0 66 23-93 31 53
E-Mail: verkehrsamt@rotenburg.de
Internet: www.rotenburg.de

„Monte Kali"

Eine ungewöhnliche Bergtour mit Weitblick bietet eine Besteigung der größten Kali-Abraumhalde der Region, dem „Monte Kali", der zwischen Wölfershausen und Kleinensee liegt. Ehemalige Kali-Kumpels führen auf den weißen Berg.

Führungen für Einzelbesucher finden von März bis Oktober mittwochs & an Sonn- und Feiertagen um 15 Uhr statt, von Mai bis August auch jeden Samstag um 15 Uhr. Die Eintrittskarten müssen vorher im Werra Kalibergbau-Museum in Heringen erworben werden und kosten je 3,– €.

Nentershausen Kupferschiefer

Es sah früher aus wie nach einem „Vulkanausbruch", erinnert sich Hartmut Henkelmann an die Schlackehalden in seiner Kindheit. Inzwischen sind die Überreste der drei Schächte, in denen um Nentershausen Kupferschiefer abgebaut wurde, zugewachsen und nicht mehr so leicht zu entdecken. Doch mit kundiger Anleitung können auch heute noch die Schieferplatten aufgeklopft und mit etwas Glück Abdrücke von Fischen gefunden werden.

Individuelle Führungen bietet:
Heiner Schmidt
Tel.: 0 66 27-91 95 91

Eisenberg

Der 636 Meter hohe Eisenberg ist die höchste Erhebung des Knüllgebirges.

Zahlreiche Wanderwege führen von allen Seiten den Eisenberg hinauf, und auch auf der Bergkuppe sind verschiedene Rundwanderwege vom Knüllgebirgsverein (KVG) ausgeschildert. Eine besondere Attraktion ist der archäologische Wanderweg auf dem Eisenberg. Wer sich einer Führung anschließt, erfährt spannende Geschichten aus dem Leben unserer Vorfahren, sieht Hügelgräber aus der Stein- und Bronzezeit, ein mittelalter-

liches Sühnekreuz, eine Kirchenruine aus dem 12./13. Jahrhundert und mehr.

Eine kostenlose Führung bietet:
Touristik-Service-Kirchheim
Hauptstraße 2 a, 36275 Kirchheim
Tel.: 0 66 25-91 95 95

GARTEN

Familie Ellrich

In Alheim-Erdpenhausen hat Familie Ellrich vor einigen Jahren begonnen, auf dem landwirtschaftlich geprägten Gelände neben einer ehemaligen Schmiede ihre Gartenträume zu verwirklichen. Hier wachsen und blühen Taglilien, verschiedene Rosenarten, Buchsbäume, Gingko-Bäume, Funkien und Kunst im Garten. Als stolze Eigentümer zeigt Familie Ellrich interessierten Gartenfreunden ihr privates kleines Gartenreich gerne nach telefonischer Terminabsprache.

Heike und Thomas Ellrich
Alheim-Erdpenhausen
Tel.: 0 66 23-71 26
E-Mail: info@schmiedegarten.de
Internet: www.schmiedegarten.de

Kräutergarten Bebra-Weiterode

Der Heimatverein Bebra-Weiterode betreut einen kleinen Kräutergarten, der ohne Anmeldung zu besuchen ist. Die Beete sind beschildert, man kann nach Herzenslust riechen und schmecken. Der Kräutergarten am Burgrain ist ab dem Sportplatz in Weiterode ausgeschildert.

Führungen bietet der:
Heimatverein Bebra-Weiterode
Peter Bickel, Tel.: 0 66 22-60 35 48
Werner Herwig, Tel.: 0 66 22-39 56

GEOCACHING

Eine Art Schnitzeljagd durch Rotenburg bietet der auf dem Satellitenortungssystem GPS basierende historische Altstadt-Rundgang. Dazu ist ein GPS-fähiges Gerät erforderlich. Aus dem Internet werden die notwendigen Angaben der Längen- und Breitengrade der verschiedenen Stationen und der Rechenaufgaben ausgedruckt.

„Rotenburgs Altstadt Cache"

Mindestens zehn verschiedene Caches wurden in den vergangenen Jahren in und um Rotenburg beispielsweise versteckt.

Bei www.geocaching.com In das Suchfeld „rotenburg hessen" eingeben.

Aktivitäten von A – Z

Allgemeine Infos dazu gibt es im Internet unter: www.geocaching.de
Die Datenbank liegt auf der US-Site: www.geocaching.com

Der schönste ist der „Rotenburg Altstadt Cache". Ein Rotenburger wollte seine Heimatstadt einmal etwas anders zeigen und hat einen so genannten Multicache (Mehrstufen-Schatz) erarbeitet.

Die Route führt unter anderem zum Bürgerturm, Hexenturm, Weißem Haus und Schlosshof. Dann erfährt der „Geocacher", woher die Rotenburger ihren Spitznamen „Bornschisser" haben. Am Ende der etwa 1,5 Kilometer langen und für Fahrräder und Kinderwagen geeigneten Tour steht die Suche nach einem „Microcache", also einem kleinen Behältnis (beispielsweise einer Filmdose). Darin gibt es ein Logbuch, in das sich der Finder einträgt. Das offizielle Logbuch ist jedoch im Internet.

Ein interessanter Cache ist der so genannte Webcam-Cache in Friedewald. Dazu muss man sich von jemandem zuhause vor dem Computer an die von der Webcam am Schlosshof in Friedewald aufgenommene Stelle dirigieren lassen. Außerdem muss noch eine weitere Aufgabe gelöst werden.

Die Webcam findet man unter:
http://www.goebels-schlosshotel.de/webcam/webcam2.jpg

GOLF

Rund um den Kreis Hersfeld-Rotenburg liegen schöne Golfplätze, beispielsweise in Hünfeld-Praforst und Herleshausen. In Oberaula-Hausen gibt es 18 Bahnen mit geschickt platzierten Bunkern, kleinen Teichen und Biotopen, herausfordernden hängigen Lagen und ansteigenden Fairways. Dazu gibt es eine Driving Range, überdachte Abschlaghallen, Pitching-Area und Putting-Greens. Gäste sind willkommen, müssen jedoch eine Greenfee entrichten. Auch Anfänger ohne Handicap sind willkommen – qualifizierte Golflehrer stehen zur Verfügung.

Golfclub Oberaula
Tel.: 0 66 28-91 54-0
Internet: www.golfclub-oberaula.de

HEISSLUFTBALLON

Bis zu fünf Personen passen in einen Korb. Kinder sollten mindestens zehn Jahre alt

sein, sonst langweilen sie sich leicht bei dem ruhigen Dahingleiten zwischen 100 und 2000 Metern Höhe. Ballonpilotin Tanja Witte geht vom Startplatz auf den Haunewiesen in Bad Hersfeld in die Luft. Die besten Tageszeiten für eine Heißluftballonfahrt sind aus Gründen der Thermik am frühen Morgen oder am späten Nachmittag, kurz nach Sonnenaufgang oder etwa drei Stunden vor Sonnenuntergang – das ganze Jahr über. Eine rund 1,5 Stunden lange Ballonfahrt kostet pro Person 205,– €. Inbegriffen sind auch Ballontaufe und eine Urkunde.

Fahrten mit dem Heißluftballon sind
zu buchen über die:
Ballon- und Touristikagentur
Berberitzenweg 42, 36251 Bad Hersfeld
Tel.: 0 66 21-40 98 49
E-Mail: ballon_touristik@web.de

HISTORISCHE EISENBAHNFAHRTEN

Die Eisenbahnfreunde Bebra bieten mehrmals im Jahr Fahrten mit dem historischen Museums-Personenzug an. Meist findet dies am ersten Sonntag des Monats statt. Billets sind an der historischen Fahrkartenausgabe im Wasserturm vor Ort erhältlich. Die Fahrten in den kleinen Bahnen sind ein besonderer Spaß für Kinder. „Biber-Blitz" und „Wasserturm-Express" sind auch zu mieten. Und für Gruppen ab 10 Personen wird das Wasserturm-Museum mit Museumsfeldeisenbahn auch an anderen Tagen nach Absprache geöffnet. Die beliebten Nikolausfahrten finden von 14 bis 17.30 Uhr, des 6. Dezember statt. Neu hinzugekommen ist die Halloweenfahrt, die am 31. Oktober von 14–19 Uhr ihre Runden dreht.

Eine Karte kostet pro Person für Kinder und Erwachsene 1,50 €, eine 3er-Karte kostet 3,– €. Die Fahrt dauert etwa eine Viertelstunde. Zu allen Fahrten sind Anmeldungen erforderlich.

Eisenbahnfreunde Bebra e.V.
Am Wasserturm 1, 36179 Bebra
Tel.: 0 66 23-79 64
Internet: www.ef-bebra.de
E-Mail: info@ef-bebra.smb-webhosting.de

JAHNPARK

Der Sport-, Spiel- und Freizeitpark Jahn-Park liegt mitten in Bad Hersfeld und bietet für alle Altersgruppen von Kleinkind bis Senior vielfältige Betätigungsmöglich-

Fulda und Werra sind ideale Flüsse für Kanuten und Kajakfahrer.

keiten. Es gibt einen Kletterwald für Groß und Klein, eine Sommerstock-Schießbahn, Beachvolleyball-Felder und zur Erforschung der Sinne einen Barfußpfad.

Außerdem gibt es Anlagen für Boccia und Boule sowie eine 18-Loch-Miniaturgolfanlage. Minigolf-Benutzer zahlen eine Gebühr von 1,– €, ansonsten ist die Nutzung des gesamten Freizeitparks kostenfrei. Bälle und Minigolfschläger können gegen Hinterlegung eines Pfandes ausgeliehen werden. Der Jahn-Park ist ganztägig ab 8 Uhr geöffnet.

JahnPark
Am Schwimmbad 4, 36251 Bad Hersfeld
Tel.: 0 66 21-4 00-4 39 (Hausmeister)

KANU- UND KAJAKVERLEIH

Kanuverleih Stutz

Die Fulda ist laut Flussführer des Deutschen Kanu-Verbandes ein klassischer Kanuwanderfluss. Das gesamte Flusssystem befindet sich im Landschaftsschutzgebiet. Je nach Ausdauer und Kondition kann zwischen Eintages- und Mehrtagestouren auf der Fulda gewählt werden, die ab Bad Hersfeld ganzjährig ausreichend Wasser zum Kanufahren führt. Beim Kanuverleih Stutz erhalten Sie geräumige 3er-Kanadier für 2–3 Erwachsene oder 2 Erwachsene und 2 Kinder; Schwimmwesten, Paddel, wasserdichte Tonnen sind dabei. Der Verleih pro Boot & Tag kostet ab 30,– €, Transfer zu Anlagestelle/Auto wird auch angeboten.

Kanuverleih Holger Stutz
Eichenstraße 9,
36287 Breitenbach a. Herzberg
Tel./Fax: 0 66 75-91 92 86 oder
Mobil: 01 73-8 02 55 98
Internet: www.kanutour-fulda.de
E-Mail: H-S2003@gmx.de

Haunehof

Geführte Kanutouren auf Werra und Fulda organisiert auch Familie Wörndl vom Haunehof. Sie stellt die Bootsausrüstung, transportiert die Boote und leitet auch Anfänger an. Wer sein eigenes Boot mit bringt, für den reduziert sich der Preis um bis zu 10,– € pro Tag.

Haunehof Familie Wörndl
Kirchberg 8, 36166 Haunetal-Neukirchen
Tel.: 0 66 73-2 58 oder 91 91 14,
Fax: 0 66 73-82 40
E-Mail: haunehof@haunehof.de
Internet: www.haunehof.de

Familie Vöhl

Die ganze Familie Vöhl aus Frankenberg ist von der Leidenschaft für Kanu- und Kajaksport erfasst. Sie betreiben die größte Bootsvermietung auf der Fulda. Bad Hersfeld–Rotenburg 23 km, 1 Wehr, 5–6 Stunden. Rotenburg–Beiseförth 22 km, 1 Wehr, 1 Schleuse, 4–5 Stunden. Kosten pro Person 22,– €. Kinder bis 12 Jahre 12,– €, bis 6 Jahre 5,– € im Boot der Eltern. Personentransfer ab und bis Rotenburg 4,50 € pro Person, bei Halbtagestouren 18,– €. Geführte Kanutouren ab 16 Personen 28,– €. Sonderpreise für Schulklassen und Jugendgruppen. Liefern und Abholen der Boote nach Absprache.

Kanusport Waltraud Vöhl
Am Pfarracker 10, 35066 Frankenberg
Tel.: 0 64 51-2 33 39
Fax: 0 64 51-2 38 95
E-Mail: info@eder-fulda-tour.de
Internet: www.eder-fulda-tour.de

Elfis Kanu-Rent

Ein kanadisches Wanderkanu für drei Erwachsene oder zwei Erwachsene mit zwei Kindern vermietet Elfis Kanu-Rent. Eine wasserdichte Tonne und die benötigte Anzahl an Paddel und Schwimmwesten sind ebenso inbegriffen wie der Transport des Kanus zur Einsetzstelle.

Elfi Diegel
Am Roten Rain 8
36251 Ludwigsau-Mecklar
Tel.: 0 66 21-7 41 39
E-Mail: elfi.diegel@t-online.de
Internet: www.elfis-kanu-rent.de

Aktivitäten von A – Z

KEGELN

Kegelbahnen gibt es in sehr vielen Restaurants und Gaststätten im Kreis Hersfeld-Rotenburg. Das außergewöhnliche Kegelerlebnis bietet die Scherenkegelbahn im historischen Ambiente des Klosters Cornberg.

Pächter Rolf W. Behrend
Am Steinbruch 1, 36219 Cornberg
Tel.: 0 56 50-96 96-0
Fax: 0 56 50-96 96-22
Internet: www.kloster-cornberg.de
E-Mail: info@kloster-cornberg.de

KORBFLECHTEN

Die Kunst des Flechtens beherrscht Korbmachermeister Pfetzing zur Perfektion. Möbel aus Rattan, Naturrohr und Weide entstehen unter seinen Händen ebenso wie Korbtruhen, Leuchten, Heizkörperverkleidungen und Stuhlflechterei. Schauen Sie ihm bei der Arbeit zu.
Gruppenführungen werden ab 30 Personen angeboten.
Besichtigungen sollten telefonisch abgesprochen werden.

Horst Pfetzing
Am Kringels 3
36211 Alheim-Sterkelshausen
Tel.: 0 66 23-77 76
Fax: 0 66 23-4 33 63
Internet: www.korbmacher.de

KUTSCHFAHRTEN

„Der Paul und sein Gaul" necken Freunde Paul Koch liebevoll.
Regelmäßig spannt er seine vier Haflingerpferde abwechselnd in den Zweispänner ein, beispielsweise zu einer Fahrt durchs Jossatal nach Hatterode. Auch zwei Planwagen stehen in seiner alten Fachwerkscheune neben den Pferdeboxen.

Anmeldungen bei:
Paul Koch in der Kutschenstation
Hersfelder Straße 10
36287 Breitenbach a. Herzberg-Oberjossa
Tel.: 0 66 75-2 27

LAUFEN

2009 gingen mehr als 4.000 Läufer an den Start. In den verschiedenen Wettkämpfen (1,3 Kilometer Schülerlauf, 10

Auch in Alheim-Licherode sind Begegnungen mit Nordic Walkern an der Tagesordnung.

Kilometer Einzel- und Mannschaftslauf, Halbmarathon und Nordic Walking) gehen die Läufer am Sonntag vor der Lollswoche auf einen relativ flachen Rundkurs quer durch Bad Hersfeld.

Internet: www.lollslauf.de oder www.scneuenstein.de

MINIGOLF

In vielen Orten des Kreises Hersfeld-Rotenburg gibt es Minigolfanlagen.

JahnPark in Bad Hersfeld

Am Schwimmbad 4
36251 Bad Hersfeld
Tel.: 0 66 21-40 04 39

Miniatur-Golfanlage in Rotenburg

Am Schlosshof, Rotenburg a. d. Fulda
Öffnungszeiten: Di. – Fr. 14 – 19 Uhr, Wochenende und Feiertage 11 – 19 Uhr

Seepark Kirchheim

Tel.: 0 66 28-8 80

Weitere Anlagen gibt es in Haunetal, Heringen, Nentershausen, Philippsthal und Ronshausen.

NORDIC WALKING

Das Wandern mit zwei Stöcken, Skistöcken nicht unähnlich, hat sich in den vergangenen Jahren zu einer regelrechten

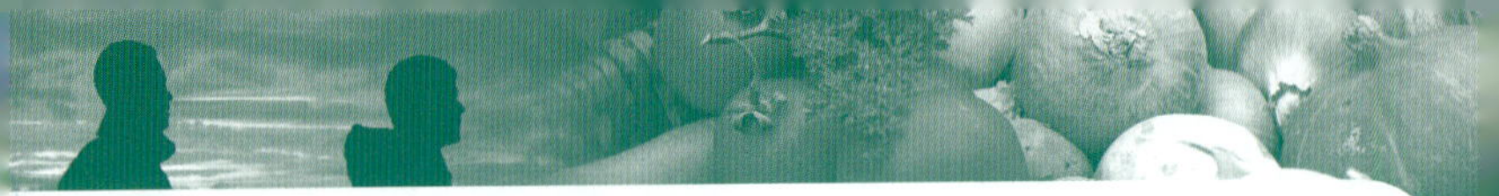

Trendsportart entwickelt. Österreichische Wintersportorte geben Schneeschuhe dazu und verweisen auf die verblüffende wissenschaftliche Erkenntnis, dass diese Fortbewegungsart schlank und schön mache. Der Skiclub Neuenstein hat Anfang Dezember 2003 drei Strecken im Nordic-Walking-Park ausgeschildert. Ihr Startpunkt ist auf dem Tageberg. Wahlweise kann man auf dem Tageberg 3,5 Kilometer bei 60 Meter Höhenunterschied, am Tanzplatz und der Eichhofsiedlung vorbei 5,4 Kilometer mit 105 Meter Höhendifferenz oder durch den Kurpark 5,6 Kilometer mit 120 Meter Höhenunterschied laufen. Wem das Alleine-Walken nicht liegt, der kann sich samstags um 14 Uhr auf dem Tageberg oder dienstags am Pavillon im Kurpark dem Nordic-Walking-Treff anschließen.

Nordic-Walking-Möglichkeiten wurden unter anderem auch in Ronshausen und Rotenburg eingerichtet. Die Waldwege sollten nach Einbruch der Dunkelheit nicht mehr genutzt werden. Die für das Nordic Walking nötigen Stöcke können bei Fahrradromantik Kniese ausgeliehen werden.

Fahrradromantik – Walter und Waltraud Kniese
Wallengasse 5 a, 36251 Bad Hersfeld
Tel.: 0 66 21-91 60 77
Fax: 0 66 21-91 60 78
E-Mail: kniese@radromantik.de
Internet: www.radromantik.de

MOUNTAINBIKE

Mountainbike-Marathon

Mitte Mai organisiert der Radsportverein Ronshausen einen recht anspruchsvollen MTB-Marathon. Es stehen 4 Streckenlängen zur Auswahl: 20 km bei 330 Höhenmeter (Familienrunde), 37 km bei 810 Höhenmeter (Normaldistanz), 74 km bei 1620 Höhenmeter (Mitteldistanz) und 111 km bei 2430 Höhenmeter (Langdistanz). Die Startgebühr hängt von der Distanz ab.

Weitere Informationen bei:
RV 05 Ronshausen
Schulweg 1, 36208 Wildeck
Tel.: 0 66 26-28 43 04
oder 0 66 22-57 34
E-Mail:
postmaster@mtb-waldhessenpur.de
Internet: www.mtb-waldhessenpur.de

Auch Rennradler finden gut geteerte Wege durch die Natur zum Training.

Mountainbike-Tour

Geführte MTB-Touren durch Wald und Wiesen bietet Peter Franke zwischen April und Oktober an. Je nach Kondition und Wetter wählt er einen individuellen Streckenverlauf. Die Gruppen sollten maximal acht Personen umfassen.

Peter Franke
Eisfeldstraße 23
36211 Alheim-Heinebach
Tel.: 0 56 64-68 43
Fax: 0 56 64-93 29 40
E-Mail: franke@alheim-bike-guide.de

Mountainbiker-Notruf

Unter dem Mountainbiker-Notruf: 01 72-2 79 34 88 sorgt German Quest aus Rotenburg dafür, dass nach Platten und Achtern das Rad wieder rollt. Das Service-Mobil rückt auch an Sonn- und Feiertagen aus.

RADAUSFLÜGE (GEFÜHRT)

Die Route des Auen-Radweges startet nahe der Stiftsruine in Bad Hersfeld und führt durch verträumte Wälder, vorbei am Fuldasee, durch die Fuldaaue mit Blick auf das Knüllgebirge und führt nach etwa 15 Kilometern wieder zurück nach Bad Hersfeld. „Fahrradromantik" hat diese Route ausgearbeitet und bietet – auch auf vielen anderen Routen – geführte Radwanderungen an. Walter und Waltraud Kniese bieten diese dreistündige

Aktivitäten von A – Z

Radtour für alle Altersklassen an und laden alle Teilnehmer anschließend noch zu einem Radler ein. Im Angebot enthalten sind Radleihe, Wasserflasche, Frontkameratasche und ein provisorischer Regenschutz. Je nach Kondition und Gruppenstärke arbeitet der Touristik-Service Waldhessen Radtouren entlang Fulda, Werra und Weser aus.

Fahrradromantik – Walter und
Waltraud Kniese
Wallengasse 5a, 36251 Bad Hersfeld
Tel.: 0 66 21-91 60 77
Fax: 0 66 21-91 60 78
E-Mail: kniese@radromantik.de
Internet: www.radromantik.de

RÄDERVERLEIH

Wer gerne auf eigene Faust mit dem Fahrrad unterwegs ist, kann an verschiedenen Stellen Fahrräder ausleihen. Dazu gehören unter anderem „Fahrradromantik Kniese" und die Fremdenverkehrsämter von Ronshausen und Rotenburg. Tage- oder wochenweise sind Touren- und Kinderräder auch beim Seepark Kirchheim auszuleihen.

Infos unter Tel.: 0 66 28-8 80.

RADLER IN BAHNEN UND BUSSEN

In den Zügen des Nordhessischen Verkehrsverbundes ist die Mitnahme von Fahrrädern kostenlos erlaubt. Wer dies in seine Routen einplant, sollte sich jedoch vorher telefonisch vergewissern, ob zu der angepeilten Tageszeit auch wirklich die passenden Wagen eingesetzt werden. Auch in einigen Bussen ist es möglich, Fahrräder mitzunehmen.

Infos bei der Radfahrer-Hotline
der Deutschen Bahn AG
Tel.: 0 18 05-99 66 33
Internet: www.bahn.de

oder beim

Nordhessischen Verkehrsverbund
Humboldstr. 4
34117 Kassel
Tel.: 01 80-2 34-01 80
E-Mail: info@nvv.de
Internet: www.nvv.de

Informationen und Radkarten über Hessen oder ganz Deutschland gibt es auch beim:

ADFC (Allgemeiner Deutscher Fahrradclub, Bundesgeschäftsstelle)
Postfach 10 77 47, 28077 Bremen,
oder Grünenstr. 120, 28199 Bremen
Infoline-Tel.: 04 21-34 62 90
Fax: 04 21-3 46 29 50
E-Mail: kontakt@adfc.de
Internet: www.adfc.de

Wer gutes Kartenmaterial vom Kreis Hersfeld-Rotenburg haben möchte, wählt entweder die Topografische Freizeitkarte Waldhessen Blatt Ost und West des Landesvermessungsamtes Wiesbaden (ISBN 389446-306-6) oder für die Fuldatour aus der bike-line-Reihe „Fulda Radweg" (ISBN 3-85000-086-9).

Alle Karten sind beim:
Touristik-Service Waldhessen
Friedloser Straße 6, 36251 Bad Hersfeld
Tel.: 0 66 21-62 04 44
oder in den Verkehrsämtern und im Buchhandel erhältlich.

RADWEGE

Fulda-Radweg

Der Fulda-Radweg ist gleichzeitig der hessische Fernradweg R 1. Er verbindet auf knapp 200 Kilometern Länge die 950 Meter hohe Wasserkuppe in der hessischen Rhön mit dem Wesertal bei Hann. Münden. Er ist in seiner gesamten Länge in fünf bequemen Tagesetappen zu beradeln. Von Gersfeld über Fulda und Schlitz werden die Radler an Niederaula und dem Eichhof vorbei durch die Innenstadt von Bad Hersfeld geführt und weiter durch Bebra zur Fachwerkstadt Rotenburg. Über Morschen und Melsungen führt die nächste Etappe nach Kassel und von dort weiter zum Fachwerkstädtchen Hann. Münden.

Ausgesprochen praktisch am Fulda-Radweg ist, dass sich Etappenziele auch recht gut mit der Bahn erreichen lassen oder man per Zug zum Ausgangspunkt zurück kommt.

Wirtschaftsförderungsgesellschaft für den Landkreis Hersfeld-Rotenburg
Leinenweberstraße 1
36251 Bad Hersfeld
Tel.: 0 66 21-94 41 10
Fax: 0 66 21-94 41 01
E-Mail: buero@wfg-hef-rof.de
Internet: www.wfg-hef-rof.de
Informationen über den Fulda-Radweg finden sich auch im Internet unter:
www.fuldaradweg.de

Radfahrer erkunden den Solztal-Radweg.

Werratal-Radweg

Von den beiden Werra-Quellen am Rennsteig im östlichen Thüringer Wald bis zum berühmten Fluss-Kuss mit der Fulda in Hann. Münden sind die 300 Kilometer des Werra-Radwegs ausgeschildert. Die Strecke führt größtenteils über landschaftliche Wege und weicht nur ausnahmsweise auf wenig befahrene Straßen aus. Gleich zu Beginn müssen die Rennsteig-Höhen mit einer rasanten Talfahrt ins Heldburger Land verlassen werden. Durch Hildburghausen, Meiningen und Bad Salzungen führt der Radweg ins „Land der weißen Berge". Abstecher ins Erlebnisbergwerk Merkers, in das Werra-Kalibergbau-Museum in Heringen oder auf den „Monte Kali" sind empfehlenswert. Bei Philippsthal und Heringen führt der Werra-Radweg durch den Kreis Hersfeld-Rotenburg. Über Creutzburg, Eschwege, Bad Sooden-Allendorf und Witzenhausen führt die Strecke bis Hann. Münden – wo der Radler auf der Märchenroute dem Fulda-Radweg die Rückfahrt ins Hessische Bergland antreten kann.

Weitere Informationen bei:
Werratal Touristik e.V.
Am Flößrasen 1, 36433 Bad Salzungen
Tel.: 0 36 95-69 34 20
Fax: 0 36 95-69 34 21
E-Mail: info@werratal.de
Internet: www.werratal.de

Eine gute Kombination aus Karte und Radwanderführer ist: „Werratal-Radweg“, Verlag BVA, ISBN 3870732415, 9,95 €

Märchenroute

Durch Täler kleiner und großer Flüsse führt die Route zu vielen märchenhaften Orten, an denen sich die Märchen der Gebrüder Grimm abgespielt haben sollen: Rotkäppchen, Rapunzel, Dornröschen und Frau Holle hätten hier sich sicher zu Hause gefühlt. Die große Radrunde führt von Kassel an der Weser ein Stück nach Norden zur Sababurg, dann über Hofgeismar und Fritzlar nach Schwalmstadt. Das Stück durch den Kreis Hersfeld-Rotenburg ist großteils identisch mit dem Fulda-Radweg, zweigt dann aber in Bebra ab zum Werratal.

Ein Radführer zur Märchenroute
ist erhältlich beim Lotterberg-Verlag
Tel.: 0 56 03-91 54 21
Fax: 0 56 03-91 54 22
Internet:
www.radwandern-nordhessen.de

Infos und Broschüren gibt es
bei der Geschäftsstelle:
Deutsche Märchenstraße e.V.
Kurfürstenstraße 9, 34117 Kassel
Tel.: 05 61-92 04 79 10
Fax: 05 61-92 04 79 30
E-Mail:
info@deutsche-maerchenstrasse.de
Internet:
www.deutsche-maerchenstrasse.de

Das Radtourenbuch Deutsche Märchenstraße aus dem Verlag Esterbauer enthält neben Wissenswertem zur Deutschen Märchenstraße auch detailliertes Kartenmaterial.

Fernradwanderweg R 7
Philippsthal – Breitenbach a. Herzberg

Eine der wenigen weil recht anstrengenden Ost-West-Routen durch den Kreis Hersfeld-Rotenburg ist der von Thüringen in den Vogelsberg führende hessische Fernradwanderweg R 7, der in Philippsthal vom Werra-Radweg abzweigt und über Friedewald nach Bad Hersfeld führt. Ab der Abzweigung nach Schenklengsfeld-Malkomes ist die Strecke identisch mit dem neuen Solztal-Radweg. Der R 7 hat westlich von Bad Hersfeld bis Niederaula den gleichen Verlauf wie der Fulda-Radweg, zweigt dann davon ab und führt über Breitenbach a. Herzberg und Lauterbach in den Vogelsberg.

Reitpferde genießen die weiten Pferdekoppeln.

Fernradwanderweg R 5

Auch der hessische Fernradwanderweg R 5 von Eschwege über Cornberg, Rotenburg a. d. Fulda und Alheim ins Waldecksche führt die Radler durch den Kreis Hersfeld-Rotenburg.

Aulatal-Radweg

Der bei Niederaula vom Fulda-Radweg abzweigende Aulatal-Radweg ist quasi ohne Steigungen und daher auch für Familienausflüge mit Kindern geeignet und mit R 11 gekennzeichnet.

Haunetal-Radweg

Durch das Haunetal führt der regionale Radwanderweg R 12 bis Hünfeld. In Neukirchen kann man dann auf den R 13 wechseln, um durch das Fuldatal nach Bad Hersfeld zurück zu kommen.

Solztal-Radweg

Der Solztal-Radweg führt seit 2003 auf einem ehemaligen Bahndamm von Bad Hersfeld über Sorga und Schenksolz nach Schenklengsfeld. Wegen des geringen Höhenunterschieds ist der etwa elf Kilometer lange Radweg auch für Untrainierte geeignet. Die Anbindung vom Bahnhof an den Solzradweg wurde 2009 fertiggestellt und neu beschildert. In der Unterführung den Bahnhof auf der stadtabgewandten Seite verlassen (Börnerstraße). Nun erreicht man kreuzungsfrei den Beginn des Radwegs auf der ehemaligen Trasse der Hersfelder Kreisbahn bei

der Kläranlage/Tierheim in der Nähe der Fuldabrücke. Durch ein kleines Buchenwäldchen führt der Weg teils schattig, teils sonnig ganz sanft ansteigend durch das liebliche Tal der Solz. Nach gut einem Kilometer taucht rechts das Hofgut Oberrode in seiner Tallage auf. Das Gutshaus selbst ist ein Blickfang, während die Wirtschaftsgebäude einen verblichenen Charme ausstrahlen. Als erste Pause bietet sich nach knapp 3,5 Kilometern der am Radweg liegende Biergarten des Restaurants „Zum Stern" in Sorga an. Etwa 400 Meter weiter steht ein Hochsitz mitten im Wohngebiet, vermutlich ein Baumhaus für Kinder. Der Radweg führt unter der Autobahn A 7 hindurch. Links liegt die Breizbach-Mühle. Über die Kreuzung geht es Richtung Herrmannshof. Unter der B 62 hindurch und am Klärwerk von Schenklengsfeld vorbei fährt man weiter nach Malkomes. Vorbei am alten Dorffriedhof führt der Weg in einer leichten Rechtskurve in die Ortsmitte. Am Verkehrsschild „unbeschrankter Bahnübergang" geht es vor der Ampel wieder auf den ehemaligen Schienenweg. Nach 9,5 Kilometern wird eine alte Eisenbahnbrücke überquert. In Schenksolz steht das ehemalige Bahn-Wartehäuschen und in der Nähe lädt zur Einkehr die Reiterschänke. Nach weiteren zwei Kilometern taucht Lampertsfeld auf, nach zwölf Kilometern ist Schenklengsfeld erreicht. Eine Weiterführung des Radwegs bis ins Werratal war angedacht. Zur Zeit kann man entlang der Bahntrasse auf Feldwegen und Nebenstraßen über Glaam und Unterbreizbach durchkommen.

PLANWAGEN-FAHRTEN

Ronshausen

Am frühen Nachmittag geht die Fahrt mit dem Planwagen von Ronshausen aus los durch den dichten Wald. Nach einer Stunde gibt es auf Wunsch eine Rast mit Kaffee und selbst gebackenem Schmandkuchen, eine Bauernvesper mit „Ahler Worscht" aus der eigenen Hofschlachtung oder Kakao beispielsweise für eine Kindergeburtstagsgesellschaft.

Bis zu 14 Leute passen in einen Planwagen, und zwei davon hat Uwe Schäfer in der eigenen Scheune stehen – bei Bedarf organisiert er noch weitere. Besonders romantisch wird es, wenn im Winter genügend Schnee liegt. Dann werden die Pferdeschlitten hervorgeholt.

Aktivitäten von A – Z

Mit Anbruch der Dämmerung beginnt die Nachtfahrt im Fackelschein.

Uwe Schäfer
Postweg 17, 36217 Ronshausen
Tel.: 0 66 22-53 69
Internet:
www.kutschen-erlebnis-schaefer.de

Alheim

Von Alheim aus ins Stölzinger Gebirge oder auf den Alheimer bis zur Alheimerhütte lässt Hubert Schmidt seine drei Planwagen von den schweren Kaltblutpferden ziehen. Bis zu 15 Personen passen auf einen Wagen, ein ganzer Bus kann also gleichzeitig unterwegs sein. Die Touren dauern durchschnittlich zwei bis drei Stunden. In einer Pause wird nach Absprache Bauernfrühstück mit selbst gebackenem Brot oder nachmittags Kaffee mit selbstgebackenem Kuchen gereicht.

Hubert Schmidt
Zum Berg 5, 36211 Alheim-Obergude
Tel.: 0 66 23-31 82 oder 91 47 58
Mobil: 01 72-1 45 44 20
Fax: 0 66 23-91 47 58

REITEN

ArhönA e.V.

Als Zentrum für Pferdekommunikation bietet ArhönA, der alternative Pferdehof mit Seminarhaus und Kulturzentrum, neben der artgerechten Haltung der rund 25 Pferde im Offenstall und Herdenverband ein umfangreiches Fortbildungsprogramm für Pferd und Reiter – und damit alle Voraussetzungen für den idealen Pferde-Urlaub. Ausritte sind mit dem eigenen mitgebrachten oder mit einem der gut ausgebildeten ArhönA-Pferde möglich. Es gibt einen Trialplatz mit verschiedenen Hindernissen und Übungen und einen Allwetter-Reitplatz. Übernachtungsmöglichkeiten in kuscheligen Zirkuswagen mitten auf der Streuobstwiese runden das Angebot ab, Lagerfeuer zaubern romantische Nächte.

ArhönA e.V.
Oststraße 1, 36284 Hohenroda
Tel.: 0 66 76-85 62
Fax: 0 66 76-91 83 02
E-Mail: mail@arhoena.de
Internet: www.arhoena.de

Reiter- und Ferienhof Bernhardt

Auf dem Reiter- und Ferienhof Bernhardt in Ludwigsau-Tann können schon die kleinsten Kinder im Sandkasten spielen, die vielen Tiere des Streichelzoos bewundern, auf Ponys voltigieren und reiten oder Kutsche fahren. Ältere Kinder können Reitunterricht in der Reitschule nehmen.

Bettina Bernhardt
Gerteröder Straße 8
36251 Ludwigsau-Tann
Tel.: 0 66 21-4 22 65

Reitanlage Stück

Die Reitanlage Stück befindet sich in einer landschaftlich reizvollen Umgebung, drei Kilometer vom Stadtkern Rotenburg entfernt. Sie ist umgeben von Wiesen und Wald mit herrlichen Wegen und Ausblicken. Pferdeboxen für Wanderreiter werden zur Verfügung gestellt. In den zwei Ferienhäusern sind Übernachtungen möglich.

Manfred Stück
Wüstefeld 10
36199 Rotenburg-Wüstefeld
Tel.: 0 66 23-16 94

Reiterhof Gut Dankerode

Als einer der zehn größten Reiterhöfe Deutschlands hat der Reiterhof Gut Dankerode sein Angebot speziell auf die Bedürfnisse pferdebegeisterter junger Mädchen zugeschnitten. Reitkurse im Damensattel werden ebenso angeboten wie ein Dressurlehrgang und die Hufeisenprüfung. Ständig stehen 60 Pferde im Stall, die warmblütigen Friesen finden auf dem großflächigen Gutshof der Familie Parduhn in den Ausläufern des Stölzinger Gebirges ein perfektes Umfeld. Unterkunft in Mehrbettzimmern oder in einer der zehn Ferienwohnungen wird angeboten. In der angeschlossenen Gutsherrenklause wird viel Wert gelegt auf gutbürgerliches Essen mit Schwerpunkt auf Steaks aus regionaler Produktion.

Gut Dankerode, Familie Parduhn
36199 Rotenburg-Dankerode
Tel.: 0 66 23-4 16 07
Fax: 0 66 23-57 94
E-Mail: info@gut-dankerode.de
Internet: www.gut-dankerode.de

Reitsportferienanlage Weitz

In der Ferienzeit ist die Reitsportferienanlage Weitz in Schenksolz ein kleines Paradies für pferdebegeisterte Kinder

zwischen 7 und 15 Jahren, die ihre Ferienwochen hier verbringen. Neben Angeboten rund ums Pferd werden – je nach Wetterlage – Nachtwanderungen, Lagerfeuer, Schwimmbad- oder Kinobesuche organisiert. Auch einmalige Ausritte sind nach Absprache möglich.

Reitsportferienanlage Weitz, Jörg Weitz
Im Kessel 1
36277 Schenklengsfeld-Schenksolz
Tel.: 0 66 29-91 97-11
Fax: 0 66 29-91 97-13
E-Mail: reitsport-weitz@t-online.de
Internet: www.reitanlage-weitz.de

Steinhoffs Reiterhof

36 Ponys und drei Haflinger genießen den großen Laufstall mit täglichem Weideauslauf in Steinhoffs Reiterhof auf dem Tageberg. Daher sind die Tiere brav und zuverlässig. Täglich ab 14 Uhr bis Einbruch der Dunkelheit, an Wochenenden und Feiertagen ab 10 Uhr stehen die Tiere für einen Ritt bereit. In den zwei Ferienwohnungen auf dem Hof sind auch Hunde willkommen.

Steinhoffs Ferienwohnungen u. Reiterhof
Auf dem Tageberg 1, 36251 Bad Hersfeld
Tel.: 0 66 21-38 94 oder 6 47 72
Fax: 0 66 21-7 70 30
Mobil: 01 76-78 42 57 52
E-Mail: info@reiterhof-steinhoff.de
Internet: www.reiterhof-steinhoff.de

Reckeröder Hof

In ihrem Ausbildungsstall auf dem Reckeröder Hof bildet Bettina Schürer sowohl Pferde als auch Reiter aus. Sie versucht in der Arbeit den Pferden gerecht zu werden und das Reiten nicht so sehr als Sport zu betreiben. Die Pferde werden in Offenstall- und Auslaufhaltung ohne Boxen gehalten. Urlauber können ihre eigenen Pferde mitbringen und unterstellen, das schöne Ausreitgelände genießen und im Mehrbettraum mit Kochmöglichkeit direkt auf dem Hof übernachten.

Bettina Schürer
Reckeröder Hof
36275 Kirchheim-Reckerode
Tel.: 0 66 25-81 05
Fax: 0 66 25-57 28
E-Mail:
reckeroder.hof@bettinaschuerer.de
Internet: www.bettinaschuerer.de

Gutshof von Baumbach

Auf dem Gutshof von Baumbach fühlen sich Familien mit Kindern und Mittelalterfreaks gleichermaßen wohl.

Gutshof von Baumbach
Friedrich-Willhelm von Baumbach
Gutsstraße 8, 36214 Nentershausen
Tel.: 0 66 27-5 53, Fax: 0 66 27-86 24
E-Mail: mail@gutshof-baumbach.de
Internet: www.von-baumbach.de

Spatzennest

Im Spatzennest spielen die beiden Haflinger-Pferde und der Hannoveranerwallach nicht die erste Geige. 7- bis 15-Jährige können auf diesem Bauernhof ihren Urlaub auch ohne Eltern verbringen.

Spatzennest, Familie Eydt
Alsfelder Straße 10, 36272 Niederjossa
Tel.: 0 66 25-83 83
Fax: 0 66 25-9 15 00 67
E-Mail:
spatzennest.niederjossa@t-online.de
Internet www.spatzennest-niederjossa.de

Reitstall Altmüller

Im Reitstall Altmüller in Hilperhausen wird eine eigene Reithalle mit Außenplatz und herrlichem Ausreitgelände sowie Reitunterricht für Anfänger und Fortgeschrittene geboten. Mitgebrachte Pferde können untergestellt werden. Familiäre Atmosphäre bietet Kindern ideale Ferienbedingungen.

Reitstall Altmüller
Schaubachstraße 2, 36272 Hilperhausen
Tel.: 0 66 25-54 66

WANDERREITEN

Hof der Glockenreiter

Die Glockenreiter bieten geführte Touren für Wanderreiter an. Anfänger und Fortgeschrittene sind willkommen. Ein zweistündiger Ausritt im Gelände kostet 30,– €, der Tagesritt 120,– €. Der 3-Tages-Ritt „Auf Lullus Spuren" durch Mischwälder, über sanfte Hügel und Höhenzüge kostet 475,– €.

Weitere Informationen bei:
Hof der Glockenreiter
Wanderrittführer Uwe Göbel
Fuldastraße 17, 36251 Bad Hersfeld
Tel: 0 66 21-96 80 00
Fax: 0 66 21-96 80 02
E-Mail: kontakt@dieglockenreiter.de
Internet:
www.wanderreiten-in-waldhessen.de
oder www.dieglockenreiter.de

Landpension Staufenberg

Winfried Staufenberg
Am Knickelsberg 1
36286 Neuenstein-Raboldshausen
Tel.: 0 66 77-81 43
E-Mail:
webmaster@landpension-staufenberg.de

RUNDFLÜGE

Rundflüge mit Motorsegler, Segelflugzeug oder Ultraleichtflugzeug werden am Flugplatz Langenberg bei Niederaula-Hattenbach angeboten.

Jeweils ein Passagier passt in das Flugzeug. Beim Motorsegler kostet die Flugminute 1,25 €, was fast der Selbstkostenpreis der Flieger ist. Ein Rundflug von einer Stunde Dauer schlägt mit 75,– € zu Buche. Rundflüge mit Segelfliegern sind deutlich günstiger. Je nach Startart (Windenflüge kosten weniger als wenn das Flugzeug von einem Motorflugzeug in die Luft gezogen wird) kostet ein Segelflug-Rundflug ab 10,– €. Die Dauer der Rundflüge hängt von der Thermik ab. Eine Anmeldung ist erforderlich. Je nach Absprache wird an den Abenden der Wochentage oder am Wochenende geflogen. Auch kurzfristige Absprachen sind möglich. Am Anfang der hessischen Sommerferien veranstaltet der Verein eine Woche Fliegerferien mit Fluglager. Bei gutem Wetter ist am Wochenende immer jemand am Flugplatz.

Informationen gibt es daher
am Wochenende direkt am:
Flugplatz Langenberg
Tel.: 0 66 25-51 67

Auskünfte erteilt auch der
Luftsportverein Bad Hersfeld e.V.
Vorsitzender Rainer Stein
Glatzer Straße 59, 36251 Bad Hersfeld
Tel.: 01 70-3 39 54 65
E-Mail: info@flugplatz-langenberg.de
Internet: www.flugplatz-langenberg.de
oder www.lsv-hersfeld.de

SEGELN

Segelclub Bebra

Den Breitenbacher See bei Bebra, eine ehemalige Kiesgrube, teilen sich die Segler mit Anglern und Badenden. Einmal im Jahr veranstaltet der Segelclub Bebra ein Gästesegeln. Dann nehmen die Vereins-

mitglieder auf ihren privaten Booten Gäste mit. Einen Bootsverleih gibt es nicht. Wer seine eigene Jolle von maximal sieben Metern Länge mitbringt, kann sie über die Slipanlage des Vereins zu Wasser lassen und auf dem kleinen See segeln.

Segelclub Bebra
Vorsitzender Roger Löffler
Tel.: 0 66 24-66 42
E-Mail: webmaster@segelclub-bebra.de
Die Termine für das Gästesegeln werden im Internet veröffentlicht:
www.segelclub-bebra.de

Sportbootschule Fuldatal

Auf die Sportbootführerscheine A und B bereitet die Sportbootschule Fuldatal vor.

Inhaber Heribert Brinkmann
Birkenweg 2, 36199 Rotenburg
Tel.: 0 66 23-36 22
Fax: 0 66 23-91 57 41
Mobil: 01 72-6 13 22 92
E-Mail: HB.Segeltoerns@t-online.de

SOMMER- EISSTOCK-SCHIESSEN

Auf einer ebenen geteerten Fläche ist das Sommer-Eisstockschießen ein spaßiger Zeitvertreib.

Weitere Informationen erteilt:
Herr Eilert Bretting
vom Event-Veranstalter German Quest
Tel.: 0 66 23-91 97 20
E-Mail: info@german-quest.de
Internet: www.german-quest.de

STERNWARTE

Bei klarem Himmel und passender Gesamtwetterlage sind von der Sternwarte Friedewald aus Planeten-Konstellationen und Sonnenflecken zu beobachten. Beste Bedingungen bieten sich bei zunehmendem Mond und im Winterhalbjahr. Eine kurzfristige Terminabsprache ist empfehlenswert. Außerdem treffen sich die Vereinsmitglieder jeweils am ersten Montag im Monat und heißen interessierte Besucher willkommen.

Arbeitsgemeinschaft der Sternfreunde
Friedewald e.V.
Vorsitzender Arnulf von der Stein
Tel.: 0 66 74-3 43

Aktivitäten von A – Z

SCHWIMMEN

Freizeit- und Erlebnisbad Aqua-Fit

Falls die Sonne einmal nicht scheinen sollte, bietet sich ein Besuch im Freizeit- und Erlebnisbad Aqua-Fit an. Warmwasserbecken für die Kleinen, Planschen unter dem Wasserpilz und der Schwallwasserdusche, Wasserspiele im Erlebnisbecken oder eine 90 Meter lange Rutsche bieten optimale Freizeitgestaltung. Vielleicht kommen Sie passend zu einer Runde Aqua-Fitness. Saunabereich, Sprudelbecken und Whirlpool laden zur Entspannung ein.

Öffnungszeiten:
Mo. 14 – 21 Uhr, Di. – Sa. 9 – 21 Uhr,
Sonn- und Feiertage von 9 – 20 Uhr.

Freizeit- und Erlebnisbad Aqua-Fit
Kolpingstr. 6, 36251 Bad Hersfeld
Tel.: 0 66 21-7 64 96
Fax: 0 66 21-91 98 63

Freibad Geistal

Neben dem Jahn-Park befindet sich das Freibad Geistal. Hier wird der Badespaß groß geschrieben. Neben einem Kinderplanschbecken und einem Schwimmerbecken (50 × 25 m) mit Einschwimmkanal gibt es auch ein Erlebnisbecken mit Wasserrutsche, Wasserfall, Wildwasserkanal und vieles mehr. Die Wassertemperatur liegt zwischen 24 und 26 °C.

Öffnungszeiten:
Montag bis Samstag von 6 – 20 Uhr
Sonn- und feiertags von 8 – 20 Uhr
Erwachsene zahlen 2,80 €, Kinder und Jugendliche ab 6 Jahre 0,90 €, jüngere Kinder haben kostenlosen Eintritt.

Freibad Geistal
Am Schwimmbad
36251 Bad Hersfeld
Tel.: 0 66 21-7 44 47

Freizeit- und Erlebnisbad Kirchheim

Die 55-Meter-Wasserrutsche, der Wildwasserkanal und die Schwallwasserduschen sind erklärte Favoriten bei Kindern und Jugendlichen im Freizeit- und Erlebnisbad Kirchheim. Im Sprungbereich mit den beiden 1-Meter-Sprungtürmen und im 25-Meter-Becken kommen auch sportliche Schwimmer nicht zu kurz. Im Mutter-Kind-Bereich mit dem extra warmen Planschbecken und im Nichtschwimmerbecken gibt es eine Kinderrutsche. Für Spaß und Aktivität am Beckenrand sorgt ein Beachvolleyballfeld. Die Liegewiese ist terrassenförmig am Hang angelegt.

Öffnungszeiten:
während der Sommersaison täglich von 9 bis 20 Uhr. Eintritt: Erwachsene 3,– €, Kinder bis 18 Jahre 1,80 €.

Freizeit- und Erlebnisbad Kirchheim
Schwimmbadstraße 12, 36275 Kirchheim
Tel.: 0 66 25-59 55

Waldschwimmbad

Von Mitte Mai bis Mitte September ist das beheizte Waldschwimmbad im Heienbachtal mit großer Wasserrutsche und vielen Liegeflächen in Rotenburg a. d. Fulda für Groß und Klein eine besondere Attraktion. Das Bad ist täglich von 10 – 19 Uhr geöffnet. Von Mitte September – Mitte Mai steht das Hallenbad im Breitinger Kirchweg zur Verfügung.

Stadt Rotenburg a. d. Fulda
Marktplatz 15
36199 Rotenburg a. d. Fulda
Tel.: 0 66 23-93 31 33
Fax: 0 66 23-93 31 63

„Rodenberg Spa"

Das „Rodenberg Spa" befindet sich am „Göbel's Hotel Rodenberg", ist aber auch der Öffentlichkeit zugänglich. Das Bad ist täglich geöffnet und verfügt auch über einen sehr schönen Saunabereich.

Göbel's Hotel Rodenberg
Heinz-Meise-Straße 98
36199 Rotenburg a. d. Fulda
Tel.: 0 66 23-88 11 00

Erlebnisbad in Nentershausen

Von Mitte Mai bis Ende September hat das neue Erlebnisbad in Nentershausen geöffnet. Das beheizbare Freibad und die Wassertretanlage sorgen für Wohlbefinden.

BadePark Ronshausen

Der BadePark Ronshausen liegt am Orts- und Waldrand.

BadePark Ronshausen
Am Sportplatz, 36217 Ronshausen
Tel.: 0 66 22-91 52 39
E-Mail: badepark@ronshausen.de
Internet: www.ronshausen-touristik.de

Sonstige Freibäder

In Philippsthal wurde das Freibad in der Ortsmitte unmittelbar benachbart zur Werra gebaut. Die große Liegewiese des Freibads in Schenklengsfeld füllt sich nur selten. Weitere öffentliche Freibäder gibt es in Bebra, Asmushausen, Heringen und Wildeck.

Internet: www.stadtwerke-hef.de

Die entspannende Atmosphäre der Kurbad Therme in Bad Hersfeld.

SAUNA

Hotel am Kurpark

Zum Hotel am Kurpark in Bad Hersfeld gehört eine Saunalandschaft mit Fitnessraum, Solarium, eine Salzgrotte und ein Wellness Studio „Sensuel".

Öffnungszeiten: Von 17 – 23 Uhr

Eintritt: 8,50 €

Hotel am Kurpark
Am Kurpark 19 – 21
36251 Bad Hersfeld
Tel.: 0 66 21-1 64-0
Fax: 0 66 21-16 47 10
E-Mail:
info@kurparkhotel-badhersfeld.de
Internet:
www.kurparkhotel-badhersfeld.de

Kurbad Therme

Im April 2004 öffnete die Bade- und Saunalandschaft der Kurbad Therme. Im Schwimmbecken mit seinen 16 Metern Durchmesser ermöglicht die Gegenstromanlage aktives Schwimmen. Das Mineralwasserbad rundet die etwa 100 Quadratmeter große Badelandschaft ab.

Auf zwei Ebenen bieten Sprudelliegen, Massagedüsen, Duftgrotte, die gut verträgliche Kräuter- und Dampfsauna mit 48 C° und fast 100 % Luftfeuchtigkeit und finnische Aufgusssauna rundum Vergnügen. Abkühlung verschafft sich der Besucher in der Duschgrotte oder beim Eisbrunnen. Bemerkenswert ist das Tecaldarium, ein klassisches römisches Bad. Entspannung bieten Whirlpool, Wärme-

bänke und ein orientalischer Hamam mit Seifenmassage. Nach dem Besuch des Rhassoul wird ein Nachtkerzenöl-Cremebad empfohlen. Eine Aromatherapie für die Sinne bietet das Duftinhalationsbad Odorium mit seinen ätherischen Ölen. Zur Erwärmung der Muskulatur stehen zwei Kraxenöfen zur Verfügung. In der Wellness-Oase werden neben klassischer Massage und kosmetischer Lymphdrainage auch traditionelle chinesische Medizin (TCM) und Ayurveda angeboten, beispielsweise der Stirnölguss oder die Abhyanga als Synchron- oder Singlemassage. Solarien und ein Bistro, in dem auch Hersfelder Mineralwässer angeboten werden, runden die Urlaubsentspannung ab.

Kurbad Therme
Am Kurpark
36251 Bad Hersfeld
Tel.: 0 66 21-7 95 09 10
Fax: 0 66 21-7 95 09 22
E-Mail: info@kurbad-therme.de
Internet: www.kurbad-therme.de

Rodenberg Spa

Das „Rodenberg Spa" verfügt über ein schönes Schwimmbecken, verschiedene Whirlpools und Saunen sowie Solarien und gemütliche Ruheecken.

Göbel's Hotel Rodenberg
Heinz-Meise-Straße 98
36199 Rotenburg a. d. Fulda
Tel.: 0 66 23-88 11 00
Fax: 0 66 23-88 84 10
Internet: www.goebels-rodenberg.de

TENNIS

Seepark Kirchheim

Im Seepark Kirchheim kann auf drei Außenplätzen (Kunstrasen mit Quarzsand) und drei Hallenplätzen (Teppich mit Granulat) Tennis gespielt werden. Es gibt eine Tennisschule mit Spielanalysecomputer und Ballwurfmaschine. Das Ausleihen von Tennis- und Badmintonschlägern ist möglich.

Infos beim:
Seepark Kirchheim
Tel.: 0 66 28-8 80, Fax: 0 66 28-8 81 19

Tennisplätze und eine Tennishalle gibt es auch in Philippsthal. Ebenso ist Tennisspielen in Schenklengsfeld im Tennisverein, in Breitenbach a. Herzberg in der Freizeitanlage am Silbersee und unter anderem im Ferienpark Ronshausen-Machtlos möglich.

Mit dem Tretboot haben Groß und Klein ihren Spaß und entdecken die Welt vom Wasser aus neu.

TISCHTENNIS

Die Ausleihe von Tischtennisschlägern ist möglich im Seepark Kirchheim.

Seepark Kirchheim
Tel.: 0 66 28-8 80
Fax: 0 66 28-8 81 19

TONTAUBENSCHIESSEN

Am Schießstand Friedewald im Kessel können nach Absprache auch Gäste mit Büchse und Flinte üben. Dazu gibt es eine Trap- und Skeetanlage, 100-Meter-Bahnen, einen laufenden Keiler bzw. Kipphasen sowie Kurzwaffenstände.

Kreisjagdverein Hersfeld e.V.
1. Vorsitzender Wilfried Marchewka
Schwarzdornweg 23, 36251 Bad Hersfeld
Tel.: 0 66 21-6 45 62
Fax: 0 66 21-96 61 77
E-Mail:
marchewka@kreisjagdverein-hersfeld.de
Internet:
www.kreisjagdverein-hersfeld.de

TRAKTOR-RUNDFAHRT

Mit dem Traktor kann man über die Machtloser Höhenzüge fahren. Abfahrt der etwa 40-minütigen Tour ist am Verwaltungsgebäude des Ferienparks Machtlos.

Klaus Killmer, Tel.: 0 66 78-6 04

Anke Geißler dreht Vasen, Krüge und Schalen.

TRET- UND RUDERBOOTE

Seepark Kirchheim

Für gemütliche Momente auf dem See im Seepark Kirchheim gibt es vor Ort Tret- und Ruderboote zu mieten.

Infos unter Tel.: 0 66 28-8 80

Rotenburger Campingplatz

Der Rotenburger Campingplatz, direkt an der Fulda gelegen, vermietet Ruder- und Tretboote für eine Tour auf der Fulda. Schauen Sie sich das Rotenburger Wehr aus einer anderen Perspektive an oder erfahren Sie den Wildflusscharakter der Fulda mit einer hierfür typischen Tier- und Pflanzenwelt.

Verkehrs- und Kulturamt Rotenburg
Tel.: 0 66 23-55 55
Fax.: 0 66 23-93 31 53

TÖPFERN

Auf der drehenden Töpferscheibe entstehen Vasen, Krüge, Teller und Tassen. Eine Führung durch die Werkstatt dauert eine Stunde und kostet 30,– €. Die Gruppe sollte maximal 25 Personen umfassen. Anke und Frank Geißler bieten auch zwei Stunden Töpfern für Kinder, Töpfernachmittage und Veranstaltungen für Schulklassen, Gruppen und Geburtstage. Donnerstags findet ein offener Werkstattabend statt. Konkrete Angebote bitte erfragen.

Die archimedische Schraube auf dem Wieselplatz ist einer der Höhpunkte des Wasser-Erlebnispfads.

Töpferei Geißler
Zur Kirche 2
36211 Alheim-Oberellenbach
Tel.: 0 56 64-77 82
Internet: www.toepferei-geissler.de

WASSER-ERLEBNISPFAD

Im Gudetal von Obergude nach Baumbach, wo der Gudebach in die Fulda mündet, ist das Wasser als Grundlage des Lebens erfahrbar. Östlich von Obergude führt ein Pfad an den Quellbächen entlang. Statt eines leisen Plätscherns macht die Klingelmühle das Wasser hörbar. Der Menschheitstraum, Wasser mit den eigenen Händen direkt an der Quelle zu schöpfen, wird am Quelltopf Wirklichkeit. An einem Molchtümpel kann man sich auf die Suche nach Amphibien begeben und dann seinen Weg zur beschilderten Flachsröste fortsetzen. In Niedergude am Wieselplatz steht die Wasserkraft im Mittelpunkt. Über einen Ziehbrunnen kann Wasser aus dem Bach geschöpft werden. Durch hölzerne Rinnen fließt es in ein Becken, aus dem es mit einer archimedischen Schraube per Hand auf eine höhere Ebene gefördert werden muss. Von dort fließt das Wasser auf Strömungstische, wo die unterschiedlichen Fließeigenschaften durch Aufschichten von Steinen oder Anlegen eines Matschkastens beobachtet werden können. Über ein Wasserrad plätschert

das Wasser in die Gude zurück. Was nach „pädagogisch wertvoll" klingt, ist die absolute Gaudi für alle Wasserratten unter den Kleinen. Die Wiesel-Naturfreunde haben außerdem Tastkästen aufgehängt, deren Inhalt mit einer Hand erfühlt werden kann: Sand, Kiesel, Coladosen und vieles mehr. Außerdem gibt es einen Fuß-Erlebnispfad. Barfuß geht es ohne Schuhe und Strümpfe über Blätter, Tannenzapfen und Steine. Zwischen Nieder- und Obergude südlich der Hasenmühle ist eine weitere Station des Wasser-Erlebnispfades. Ein Wasserrad mit einem sich drehenden Hasen zeigt die Übertragung von Kräften beim Antrieb der ehemaligen Mühle.

Weitere Informationen im Internet
unter: www.alheim.de
oder www.obergude.de

WILDPARKS

Naturpark Kirchheim

Hinter dem Kirchheimer Schwimmbad ist der Naturerlebnispark mit Biotopen, Amphibienhaus, Naturspielgelände und ARCHE-Bauernhof, in dem Waschbären, Wildkatzen, Wiedehopfe und viele andere einheimische Tiere beobachtet werden können. Die Tiere können täglich von 9.30 Uhr – 19.30 Uhr besucht werden. Eintritt: Kinder 1,– €, Erwachsene 2,– €.

Weitere Informationen erhalten
Sie unter: www.kirchheim.de

Wildgehege Rotenburg

Oberhalb der Klinik liegt ein weitläufiges Hirsch- und Wildschwein-Freigehege, das auf einem Rundwanderweg umwandert werden kann.

Wildgehege Bebra

Ganz klein ist das Wildgehege Elferstaler Teiche in Bebra Asmushausen.

Auch für Skiläufer bietet die Region herrliche Abfahrten.

WINTERSPORT

Abfahrtsski

Die Skilifte mit Flutlichtanlage auf dem Eisenberg sind bei geeigneten Schneeverhältnissen in Betrieb.

Informationen unter:
Tel.: 0 66 77-6 66.

Skilanglauf

Gespurte Loipen finden Sie unter anderem am Eisenberg und rund um den Dreienberg.

Infos im Internet unter:
www.scneuenstein.de

Rodeln

Neben dem Eisenberg rodelt es sich bei ausreichender Schneemenge gut an Dreienberg, Landecker, Stoppelsberg und Mengshäuser Kuppe.

In diesem Kollergang im Museum der Stadt Bad Hersfeld wurden früher beispielsweise Äpfel zu Apfelbrei zermahlen.

Museum der Stadt Bad Hersfeld

Regional- und stadtgeschichtliche Sammlungen, Volkskunde. Zu sehen sind Exponate zur Blaufärberei, das Original-Vitaliskreuz, die durchschossene Sturmhaube des Eberhard von Engern, Stadtmodelle und vieles mehr. Der Kapitelsaal im Erdgeschoss wird zu Konzerten, Lesungen und Vorträgen genutzt.

Museum der Stadt Bad Hersfeld
Im Stift 6 a, 36251 Bad Hersfeld
Tel.: 0 66 21-7 57 74

Öffnungszeiten:
Dienstag bis Sonntag von 10 – 12 Uhr und 15 – 17 Uhr. Während der Festspielzeit ganztägig geöffnet Eintritt frei

Konrad-Duden-Museum in Bad Hersfeld

Die Ausstellung im ehemaligen Wohnhaus des Direktors des Hersfelder Gymnasiums erinnert an Leben und Werk des Erfinders des bekannten Rechtsschreibbuches. In Konrad Dudens Hersfelder Zeit erschien erstmals 1888 sein „Vollständiges orthographisches Wörterbuch der deutschen Sprache“, ein Vorläufer des heutigen „Duden“.

Konrad-Duden-Museum
Neumarkt 31, 36251 Bad Hersfeld,
Tel.: 0 66 21-27 92 (M.-L. Bethke)
oder 0 66 21-7 61 64

Öffnungszeiten:
Sonntag von 15 – 17 Uhr. Eintritt frei

Haus Mährisch-Schönberg in Bad Hersfeld

Heimatstube, Archivalien und Dokumente des Landkreises Mährisch-Schönberg sowie des angrenzenden Nordmährens. Knapp 50.000 Menschen sind im Jahr 1946 aus Stadt und Landkreis Mährisch-Schönberg deportiert worden. Einige der 47 Transporte landeten in Bad Hersfeld und Umgebung.

Haus Mährisch-Schönberg
in Bad Hersfeld
Neumarkt 38, 36251 Bad Hersfeld
Tel.: 0 66 21-7 88 44
Fax: 0 66 21-29 64

Öffnungszeiten:
Dienstag bis Freitag von 9 – 12 Uhr und nach Vereinbarung. Eintritt frei, Spenden zum Erhalt des Hauses erbeten.

Eisenbahnmuseum in Bebra

Im Erdgeschoss des Eisenbahnmuseums „Historischer Wasserturm" befinden sich unter anderem ein Fahrdienstleiterplatz, ein Streckenblock mit mechanischer und elektrischer Verriegelung, Uniformen, Schilder, Leuchten und vieles mehr. Eine Bilddokumentation stellt die Eisenbahngeschichte im Großraum Bebra dar. An Öffnungstagen fährt die 600-mm-Schmalspureisenbahn als Museumseisenbahn im Viertelstundentakt rund um den Wasserturm. Seit Mai 2003 fährt auf der Strecke der „Biber-Blitz", ein Triebwagen, der 1963 für die Bundesgartenschau im Essener Gruga-Park gebaut wurde. Bei Bedarf kann der Triebwagen mit Beiwagen verkehren.

Historischer Wasserturm
Am Wasserturm 1, 36179 Bebra
Tel.: 0 66 23-79 64
Fax: 0 66 23-79 64
Internet: www.ef-bebra.de
E-Mail:
info@ef-bebra.smb-webhosting.de

Öffnungszeiten:
April bis September jeweils am 1. Sonntag im Monat, am 3. Oktober von 10 – 17 Uhr, sowie Halloweenfahrt am 31. Oktober und Nikolausfahrt am 6. Dezember. Sonderfahrten nach vorheriger Anmeldung für Gruppen ab 10 Personen. Eintritt frei.

Spielzeugmuseum in Bebra-Solz

Kleine private Sammlung traditioneller Holzspielzeuge aus dem Erzgebirge, Thüringen, Ostpreußen sowie aus Berchtesgaden, Viechtau und Gröden.

Museen

Spielzeugmuseum in Bebra-Solz
Burgring 15, 36179 Bebra-Solz
Tel./Fax: 0 66 27-2 38
E-Mail: info@spielzeugmuseum-solz.de
Internet: www.spielzeugmuseum-solz.de

Öffnungszeiten: Sonntag 14 – 17 Uhr und für Gruppen nach Vereinbarung, Eintritt: Erwachsene zahlen 2,– €, Kinder 0,50 €.

Sandsteinmuseum in Cornberg

Wissenswertes über die Cornberger Saurierfährten und den Cornberger Sandstein erfährt der Besucher im Sandsteinmuseum, das das Obergeschoss eines Flügels des Klosters Cornberg einnimmt. Ein Diorama mit Sauriermodell verdeutlicht, wie die Saurierspuren in den Sandstein kommen und die Fährtenplatten entstanden sind. Außerdem wird Interessantes über die Gründung des Ortes Cornberg und die Geschichte des Klosters gezeigt, ebenso die Geschichte des Kupferschieferabbaus und das Leben der Bergleute.

Kloster Cornberg Gemeindeverwaltung
Am Steinbruch 1, 36219 Cornberg
Tel.: 0 56 50-96 97-0
Fax: 0 56 50-96 97-16
E-Mail: madeleine.tatsch@t-online.de

Öffnungszeiten:
März bis November an Sonn- und Feiertagen von 13 – 17 Uhr. Eintritt: 1,50 € pro Erwachsener, 1,– € pro Kind, 0,50 € pro Person in einer Gruppe ab acht Personen.

Heimatmuseum in Friedewald

Im alten Amtsgerichtsgebäude des Schlosses präsentiert der Heimatverein das Leben, das Handwerk und die Industrieentwicklung der Gegend sowie die Schlossgeschichte von „anno dazumal bis heute". Im Aktionsraum „Arbeiten in der Landwirtschaft" wird deutlich, wie schwer es war, auf den kargen Böden gute Ernteerträge zu erwirtschaften. Wohnen und Bräuche werden ebenso gezeigt. Im Untergeschoss widmet sich die Ausstellung „Kalidünger – Erntebringer" der Industriegeschichte rund um den Kalibergbau.

Heimatmuseum in Friedewald
Im Schloss, Schlossplatz 2
36289 Friedewald
Tel.: 0 66 74-84 59
Internet: www.museum-friedewald.de

Öffnungszeiten: März bis Oktober von Dienstag bis Sonntag von 13 – 17 Uhr. Eintritt für Erwachsene 2,– €, Kinder 1,– €, Familienkarte 4,– €, Gruppenpreis ab 10 Personen 1,50 €. Spenden sind erbeten.

Im Sandsteinmuseum in Cornberg wird die Bearbeitung des Sandsteins gezeigt.

Werra-Kalibergbau-Museum in Heringen

Aus vielen hundert Ausstellungsstücken setzt sich eine eindrucksvolle Entdeckungstour rund um das weiße Gold zusammen: Geologie und Mineralogie, Geschichte des Kalibergbaus, Sozial- und Wirtschaftsgeschichte der Region und die Kaliverarbeitung vom Rohsalz zum Kalidünger werden im mit mehr als 1.000 Quadratmeter Ausstellungsfläche größten deutschen Spezialmuseum zum Kalibergbau gezeigt. „Kali und Kaline" begleiten Kinder durch die Ausstellung zu mehreren Mitmach-Stationen.

Werra-Kalibergbau-Museum
Dickesstr. 1, 36266 Heringen
Tel.: 0 66 24-91 94 13
Fax: 0 66 24-91 94 14
E-Mail: info@kalimuseum.de
Internet: www.kalimuseum.de

Öffnungszeiten:
April bis September: Dienstag bis Freitag 10 – 12 Uhr und 13 – 18 Uhr, Samstag und Sonntag 13 – 18 Uhr, Oktober bis März: Dienstag–Sonntag von 14 – 17 Uhr. 20. Dezember bis 5. Januar geschlossen. Eintritt: Erwachsene zahlen 2,90 €, Kinder 2,– €

Heimatstube in Hohenroda-Mansbach

Die ausgestellten Handwerksgeräte benutzten die Schuster, Sattler und Zimmerleute in den vergangenen 200 Jahren für ihr Handwerk. Hinzu kommen Geräte aus der Landwirtschaft und dörfliches Mobiliar. Sowohl eine Küche mit Holzofenherd als auch ein komplettes Bauernschlafzim-

mer sind zu besichtigen. Ein Raum ist der Pferdehaltung und Pferdezucht gewidmet. Von 1912 bis 1934 siedelte sich das Berliner Unionsgestüt in Mansbach an und züchtete Pferde. Fotos und Dokumente belegen den Bau von Stallungen, die Einrichtung einer Pferdeklinik.

Heimatstube
Buttlarstraße 7, 36284 Hohenroda-Mansbach, Infos bei Helga Schlapeit (1. Vorsitzende),
Brückengasse 3, 36284 Hohenroda
Tel.: 0 66 76-4 21
E-Mail: mansbachsoislieden@web.de

Öffnungszeiten: Mai bis Ende September: Sonntag 15 – 17 Uhr, Eintritt frei

Scheune an der Aula in Kirchheim

In der schmucken Fachwerkscheune aus dem Jahr 1790 hat sich das Museum für Geräte des bäuerlichen Alltags eingerichtet. Geräte und Darstellungen zu den Themen Heu- und Getreideernte, Flachsanbau, Waschen, Bügeln, Wärme und Beleuchtung. 1996 wurde eine alte Stellmacherei ebenfalls hierher versetzt. In ihr wird die Herstellung eines Leiterwagens dokumentiert. Ein Kunsthandwerker-Laden und ein Café finden sich im Erdgeschoss der Scheune.

Scheune an der Aula
Im Wiesental 19, 36275 Kirchheim
Tel.: 0 66 25-51 28
Fax: 0 66 25-58 22 (B. Schmidt).
E-Mail: museumsscheune@web.de

Öffnungszeiten: Sonn- und Feiertage 14 – 18 Uhr. Eintritt frei.

Heimat- und Bergbaumuseum in Nentershausen

Im Jahr 2000 zog das Museum aus der Kemenate der Burg Tannenberg ins alte Amtsgericht. Auf den drei Etagen des 1832 errichteten Gebäudes illustrieren die Exponate und etwa 500 Fotos das Leben und den Kupferschiefer- und Schwerspatabbau im Richelsdorfer Gebirge. Bergbau (Steigerbüro, Mineralienstube), Forstwirtschaft und ländlicher Hausrat (Schlafzimmer, Hauswirtschaftsraum, Küche, Schusterwerkstatt) werden ebenso dokumentiert wie Sprengarbeiten unter Tage – vom „Geleucht des Bergmanns“ bis zum „Frevelhammer“. Interessierte können den spannenden Bericht über das Grubenunglück 1950 auf dem Reichenbergschacht und der damit verbundenen erstmaligen Verleihung des Bundesverdienstkreuzes nachlesen. Auf dem Außengelände wurde ein 30 Meter

langer Stollen gegraben, in den eine restaurierte Grubenbahn einfährt. Im Hof stehen auch Großgeräte wie beispielsweise Förderwagen und eine Lademaschine. Die originale Gefängniszelle ist im oberen Stockwerk zu besichtigen – mitsamt der kleinen Klappe in der Tür und den schweren Riegeln.

Heimat- und Bergbaumuseum
Ruhl 2, altes Amtsgericht
36214 Nentershausen
Führungen vereinbaren und Infos unter:
Tel.: 0 66 27-2 74

Öffnungszeiten: Karfreitag bis Ende Oktober: Sonn- u. Feiertage von 10 – 12 Uhr und 13 – 17 Uhr. Eintritt: Erwachsene 2,– €, Schulkinder 1,– €, Gruppen ab 10 Personen 1,50 €.

Räumlichkeiten (Kaffee und Kuchen, Hausmacher Wurst) werden für bis zu 30 Personen angeboten.

Grenzmuseum in Philippsthal

Auf Initiative des Zollkommissariats-Leiters wurde bereits 1951 eine Dokumentation der „Zonengrenze" begonnen. Umfangreiche Informationen zur Lage an der früheren innerdeutschen Grenze bietet unter anderem ein Modell der Grenzanlagen mit Kolonnenweg, Selbstschussanlage und Wachturm. Bildtafeln über die Grenzöffnung ergänzen die Ausstellung.

Grenzmuseum in Philippsthal
Im Torbogen vom Schloss
36269 Philippsthal/Werra
Die Arbeiterwohlfahrt betreut das Museum. Wer das Museum besichtigen möchte, wendet sich an AWO-Vorsitzende Elisabeth Herrmann, Tel.: 0 66 20-14 32 oder an die Gemeindeverwaltung
Tel.: 0 66 20-9 21 00

Die Führung dauert etwa eine Stunde und ist kostenlos.

Kreisheimatmuseum in Rotenburg

Erdgeschichte, Volkskunde, Stadtgeschichte (Tonbildschau zur Stadtgeschichte) und naturkundliche Abteilung.

Kreisheimatmuseum in Rotenburg
Äußerer Schlosshof
36199 Rotenburg a. d. Fulda
Tel.: 0 66 23-91 46 96 oder für Terminabsprachen die Museumsleitung unter
Tel.: 0 66 23-8 17 79

Öffnungszeiten: Mittwoch, Freitag und Sonntag von 14 – 17 Uhr. Eintritt für Erwachsene 1,– €, für Kinder 0,50 €, Schulklassen frei.

Museen

Die Rotenburger Mikwe

– Ein rituelles jüdisches Tauchbad – In dem kleinen Haus Brauhausstraße 2 an der Ecke zur Straße am Kies in der Rotenburger Neustadt befindet sich das jüdische Ritualbad der ehemaligen jüdischen Gemeinde Rotenburgs. Die Tradition der Mikwe geht bis in die Antike zurück. Das Tauchbad in der Mikwe beruht auf verschiedenen biblischen Aussagen und talmudischen Überlieferungen, denen zufolge eine „unreine" Person oder ein „unreiner" Gegenstand nur durch vollständiges Untertauchen in „lebendigem" Wasser wieder rein werden kann. Das Wasser in der Mikwe darf nicht geschöpft sein, das heißt, es darf weder mit einem Gefäß in das Tauchbecken gegossen noch auf andere Weise von Menschenhand hineinbefördert worden sein. Es kann eine Quelle sein; als solche gelten auch Fluss- oder Grundwasser. Dieses Wasser gilt dadurch als lebendig und rein, weil es permanent fließt und sich so ständig selbst reinigt. Solch ein Tauchbad dient nicht der hygienischen, sondern der kultischen Reinigung, der geistig-spirituellen Reinheit. Als 1998 die letzte Bewohnerin dieses ehemaligen Mikwegebäudes verstarb und wegen des schlechten baulichen Zustandes an eine Weiterverwendung als Wohnhaus nicht mehr zu denken war, wurde dort auf private Initiative hin eine Gedenk- und Begegnungsstätte eingerichtet, um Spuren jüdischen Lebens und Wirkens im mittleren Fuldatal an einem authentischen Ort zu dokumentieren.

Weitere Infos und Führungen: Heinrich und Inge Nuhn, Tel.: 0 66 23-24 82

muzkkka – Museum für zeitgenössische Kunst, Kultur und Karikatur

Große internationale Kunst findet ihre Ausstellung auch in Osthessen. Deutschlands „Karikaturenpapst" hat in seinem (Un-)Ruhestand ein nagelneues Museum aus der Taufe gehoben. Der langjährige Leiter der Pressedokumentation des Bundestages in Bonn, Professor Dr. Walther Keim, lebt in der Nähe von Homberg und verwirklichte sich den „Traum, Museumsdirektor zu werden". Keim hat sich bundesweit mit der Organisation von 36 Karikaturenausstellungen einen Namen gemacht und zu jeder Ausstellung ein Buch herausgegeben.

Rotenburg soll seiner Meinung nach nicht nur Schulstadt sein, er möchte auch die Kunststadt etablieren. Als Standort des

Vom Bühnenbildner individuell gestaltete Austtellungsräume bieten Platz für die einzigartigen Exponate Dalís.

Museums hat sich Rotenburg gegen Fritzlar und Homberg durchgesetzt – vor allem nachdem Keim die Villa des ehemaligen Katasteramts entdeckt und die Stadt engagiert mit dem Land als deren Eigentümer verhandelt hat.

Das muzkkka sei ein „großes Experiment". Keim will einen besonderen Ort schaffen, „den es so in Deutschland kein zweites Mal gibt: Ein Museum in der Gesellschaft für die Gesellschaft, in dem nicht nur ausgestellt wird, sondern auch Raum für Seminare und Begegnungen von Künstlern und Interessierten geschaffen werden soll." Dabei denkt Keim unter anderem an Karikaturisten-Treffen in Rotenburg, wie sie bisher in Berlin mit dem Bundespräsidenten stattgefunden haben. Oder Lesungen über die ausgestellten Künstler.

Die Eröffnungsausstellung widmete sich im Spätsommer 2009 dem spanischen Surrealisten Salvaldor Dalí, gefolgt von den Karikaturen Horst Haitzingers. Alle zwei Jahre soll eine große Ausstellung eines international renommierten Künstlers folgen – angedacht ist beispielsweise Picasso.

muzkkka – Museum für zeitgenössische Kunst, Kultur und Karikatur
Obertor 8, 36199 Rotenburg a. d. Fulda
Internet: www.muzkkka.de

Öffnungszeiten: Dienstag bis Sonntag 10-18 Uhr. Der Eintrittspreis differiert je nach Ausstellung. Erwachsene zahlen bis zu 9,– €.

Alles stimmt bis ins kleinste Detail im Puppen- und Spielzeugmuseum in Rotenburg a. d. Fulda.

Puppen- und Spielzeugmuseum in Rotenburg an der Fulda

Das privat geführte Puppen- und Spielzeugmuseum in Rotenburg an der Fulda ist bekannt für seine Sammlungen von Deutschen Porzellanpuppen sowie Puppenhäusern und Puppenstuben. Die Exponate stammen überwiegend aus dem Privatbesitz der Inhaber und wurden in der Zeit zwischen 183 bis 1940 in Thüringen, dem Erzgebirge und im Nürnberger Raum hergestellt. Die Sammlung spiegelt Kultur- und Sozialgeschichte wider, denn in ihrer Spielzeugwelt leben die Kleinen die Welt der Erwachsenen nach. Auch historische Kaufläden oder Puppenküchen begeistern Kinder und Erwachsene, die sich Erinnerungen an ihre Kindheit bewahrt haben. Abgerundet wird das Angebot des privaten Museums durch ein Jahrmarktszimmer mit Karussell, Achterbahn und Riesenrad. An das Museum angeschlossen ist ein Museumsladen sowie eine Puppenklinik mit Verkauf von Porzellanpuppen, Teddybären und weiteren Spielzeug.

Puppen- und Spielzeugmuseum
Bürgerstraße 1
36199 Rotenburg a. d. Fulda
Tel.: 0 66 23-4 16 00

Öffnungszeiten: Mittwoch bis Sonntag außer dem ersten Sonntag im Monat und an Feiertagen von 14 – 18 Uhr und nach telefonischer Voranmeldung.

Schüler erkunden
das Judaica Museum
in Schenklengsfeld.

Judaica Museum in Schenklengsfeld

Das 1999 mit dem hessischen Denkmalschutzpreis ausgezeichnete Projekt umfasste nicht nur die Sanierung des ehemaligen Lehrerwohnhauses der jüdischen Gemeinde. Im Jahr 2000 öffnete das kleine Judaica Museum mit Exponaten rund um das Leben einer jüdischen Landgemeinde in Osthessen, beispielsweise mit einem handbestickten Matzen-Korb, Chanukka-Leuchter, Kippa und Sabbatgeräten. Eine Vitrine ist den Familien gewidmet, die einst in Schenklengsfeld gelebt haben. Lebens- und Leidenswege in der Zeit der Verfolgung, Vertreibung und Vernichtung durch die Nationalsozialisten konnten ermittelt werden und sind durch zahlreiche Dokumente belegt.

Die Judaica Fachbibliothek enthält Literatur zur jüdischen Religion, Geschichte und Kultur.

Judaica Museum in Schenklengsfeld
Im Lehrerhaus der ehem. jüdischen Gemeinde, Landecker Straße 37
36277 Schenklengsfeld
Kontakt über den 1. Vorsitzenden des Förderkreises, Karl Honikel
Tel.: 0 66 29-77 36
Fax: 0 66 29-80 90 43
Internet: www.judaicamuseum.de

Öffnungszeiten: ganzjährig in Gruppen nach Absprache, Eintritt frei.

Auf dem traditionellen Dippemarkt zum Lullusfest in Bad Hersfeld bieten Händler auch Gewürze an.

Dippemarkt

Zum Dippemarkt anlässlich des Lullusfestes kamen früher die fahrenden Händler mit ihren Töpfen. Heute ist es ein Krammarkt, zu dem Händler von weit her anreisen, um Textilien etc. feilzubieten. Der größte Markt des Kreises findet einmal im Jahr immer am Mittwoch der Lollswoche statt.

Mittelaltermärkte

Im Burghof der Burg Herzberg treffen sich Historienfreunde zu Mittelalter-Märkten. Im Sommer wird zu den Ritterspielen ein mittelalterlicher Markt abgehalten, in der Vorweihnachtszeit findet an einem Advents-Wochenende mittelalterliches Markttreiben statt.

Das Artefakt, Herr Bruno Jung
Meicheser Straße 9, 36318 Schwalmtal
Tel.: 0 66 30-91 92 73
Fax: 0 66 30-91 92 74
E-Mail: info@artefakt.info
Internet:
www.ritterspiele-burg-herzberg.de

Kuckucksmarkt

Der Kuckucksmarkt im Rotenburger Stadtteil Braach gilt als einer der schönsten Bauernmärkte Hessens. Landwirte aus der Region bieten ihre Erzeugnisse an: frischen Kohl, knuspriges Brot, Ziegenkäse, hausgemachte Marmelade, Bratwurst und Wildbret, Gemüse, frisch gepressten Apfelsaft und auch die regionale Spezialität „Ahle Worscht" – eine luftgetrockne-

te und geräucherte Wurst vom Schwein. Korbflechter, Porzellanmaler und Drechsler lassen sich bei der Arbeit über die Schulter schauen, Holzspielzeug, Keramik, Lederwaren und Hüte runden das Angebot ab. Der Kuckucksmarkt findet von Mai bis Oktober am letzten Wochenende im Monat samstags und sonntags von 10 bis 18 Uhr statt.

Tourismus-Service
Erlebnisregion Mittleres Fuldatal
Heinz-Meise-Straße 100
36199 Rotenburg a. d. Fulda
Tel.: 0 66 23-88 66 11
Fax: 0 66 23-88 60 33
E-Mail: info@mittleres-fuldatal.de
Internet:www.mittleres-fuldatal.de

Eulenmarkt

An jedem ersten Samstag im Monat findet auf dem großen Platz am Rathaus der Niederaulaer Eulenmarkt statt. Regionale Erzeuger bieten ein breites Sortiment an: Ahle Worscht, Holzofenbrot.

Gemeindevorstand der
Marktgemeinde Niederaula
Schlitzer Straße 3
36272 Niederaula
Tel.: 0 66 25-9 20 30
Fax: 0 66 25-92 03 22
E-Mail: info@niederaula.de
Internet: www.niederaula-online.de

Kuppenrhöner Landmarkt

Im Frühjahr und im Herbst veranstaltet eine Arbeitsgemeinschaft abwechselnd in Hohenroda, Friedewald oder Schenklengsfeld einen bunten Kuppenrhöner Landmarkt, auf dem sich die Vielfalt des Lebensraums Vorderrhön präsentiert. Regionale Speisen wie Pellkartoffeln mit Kräuterquark runden das Angebot ab.

Weihnachtsmarkt

Von Anfang bis Mitte Dezember findet auf dem Rotenburger Marktplatz und rund um die Jacobi-Kirche der Weihnachtsmarkt mit Deutschlands größter Weihnachtspyramide statt. Etwa 40 liebevoll geschmückte Weihnachtsbuden laden die Besucher täglich ab mittags zum Verweilen ein. Ein musikalisches Rahmenprogramm erfreut die Besucher aus Nah und Fern.

Verkehrs- u. Kulturamt Rotenburg a. d. Fulda
Weingasse 3, 36199 Rotenburg a. d. Fulda
Tel.: 0 66 23-55 55
Fax: 0 66 23-93 31 53
E-Mail: verkehrsamt@rotenburg.de
Internet: www.rotenburg.de

Märkte & Feste

Beim Live-Jazz in Bad Hersfeld wird auf vielen Bühnen musiziert.

Karneval

Das protestantisch geprägte Nordhessen ist nicht gerade eine Hochburg des Karnevals. Doch Dappchen- oder Latschenbälle (Ronshausen) laden in der Faschingszeit zu Frohsinn und Schwoof. Wichtig sind die Hausschuhe als „Verkleidung".

Kultur- & Carnevalverein e.V. Ronshausen
Am Geldacker 11 b, 36217 Ronshausen
Tel.: 0 66 22-4 45 13
E-Mail: kontakt@kcv-ronshausen.de
Internet: www.kcv-ronshausen.de

Joss-Stock

Zu Pfingsten findet seit einigen Jahren das Rockmusik-Festival Joss-Stock am Sängerplatz in Niederjossa statt. Drei Tage Live-Musik bei Open-Air-Atmosphäre.

Weitere Informationen zu Bands und Programm finden Sie im Internet unter: www.joss-stock.de

Live-Jazz

Am ersten Juni-Wochenende stecken sich die Jazz-Freunde einen Button an. In der Fußgängerzone stehen Bühnen, aus den Kneipen ertönt Musik. Am Sonntag Jazz-Frühschoppen auf dem Linggplatz.

Organisation: PK Events
Philipp Kaufmann
Am Frauenberg 74, 36251 Bad Hersfeld
Tel.: 0 66 21-40 05 67
Mobil: 01 70-2 01 61 60
E-Mail: pk@hersfeldgroovt.de

Booking + Programm:
Luleymusic Records, Jan Luley
Gülchackerstraße 3, 35232 Dautphetal
Tel.: 0 64 66-91 19 11
Fax: 0 64 66-89 96 74
E-Mail: luley@hersfeldgroovt.de
Internet: www.hersfeldgroovt.de

Strandfest

Rotenburg steht am ersten Juli-Wochenende Kopf. Längs der Fulda wird gefeiert. Romantische Stimmung entsteht abends im illuminierten Schlosspark bei Musik und Tanzvorführungen.

Stadt Rotenburg a. d. Fulda
Marktplatz 15, Zimmer Nr. 10, 11, und 12
Dieter Wagner, Tel.: 0 66 23-93 31 54
Birgit Utermöhlen Tel.: 0 66 23-93 31 55
Monika Döttger Tel.: 0 66 23-93 31 56

Sautrogrennen

Am letzten Sonntag im Juli werden bei Ludwigsau-Mecklar die Holz-Zuber in der Fulda zu Wasser gelassen. Gaudi-Mannschaften messen ihr Paddel-Können und ihren Gleichgewichtssinn in den kippeligen Bottichen.

Der Gemeindevorstand der Gemeinde Ludwigsau
Schulstraße 1, 36251 Ludwigsau
Tel.: 0 66 21-9 20 10
Fax: 0 66 21-92 01 92
E-Mail: info@ludwigsau.de
Internet: www.ludwigsau.de

Speichenfest

Im Fuldatal werden einmal im Jahr an einem Sonntag von 10 bis 18 Uhr rund 26 Kilometer Kreis- und Landesstraßen zwischen Rotenburg an der Fulda und Melsungen gesperrt. Das Radfahren nicht nur auf Radwegen, sondern auch dort, wo man sonst mit dem Auto herfährt, ist besonders interessant.

Der familienfreundliche Rad-Tag, bei dem man längs des Weges auch Geschicklichkeits-Spiele absolvieren kann, wurde 1998 erstmals organisiert und zieht bei schönem Wetter inzwischen mehr als 10.000 Teilnehmer an. Die Route führt von Rotenburg an der Fulda über Alheim, Morschen und Malsfeld nach Melsungen.

Informationen zu den jährlich wechselnden Terminen, Route und Programm sind erhältlich bei der:
Kultur- & Tourist-Info Stadt Melsungen
Kasseler Straße 44, 34212 Melsungen
Tel.: 0 56 61-92 11 00, Fax: 0 56 61-92 11 12
E-Mail: tourist-info@melsungen.de
Internet: www.melsungen.de

Der zarte Duft von Lindenblüten zieht jeden Sommer durch Schenklengsfeld.

Sport-Radrundfahrten

Am zweiten oder dritten Sonntag im Mai startet seit 20 Jahren die Waldhessen-Rundfahrt. Die Streckenlängen betragen auf den unterschiedlichen Rundkursen 43, 73 und 113 Kilometer. Am frühen Morgen des gleichen Tags geht auch der Waldhessen-Radmarathon los – mit 208 Kilometern Länge und 2.200 Höhen metern ist die Rundfahrt im Rahmen des Hessen-Cups nichts für Untrainierte. Wirklich Jeder kann jedoch beim Bad Hersfelder Rad-Cup mitfahren. Für die kurzen Strecken von 23 und 42 Kilometern auf Rad-, Feld- und Waldwegen ist ein vorheriges Training nicht erforderlich. Für Teams ab fünf Mitradlern gibt es eine Mannschaftswertung. Eine Anmeldung ist nicht nötig, sie kann beim Start nachgeholt werden.

Für größere Gruppen organisiert der Radsportverein auch die Übernachtung, beispielsweise in einer Turnhalle oder in Pensionen.

Radsportverein Bad Hersfeld
Carsten Lenz
Tel.: 0 66 21-91 88 13
E-Mail: radsport@clenz.de
Der genaue Termin wird im Internet veröffentlicht: www.rsv-bad-hersfeld.de.vu

Lindenblütenfest

Im Zweijahresrhythmus findet in Schenklengsfeld das traditionelle Dorffest um und unter der wohl ältesten Tanzlinde Deutschlands statt.

Rabe Rudi ist das Wahrzeichen des Drachenclubs Waldhessen.

Drachenfest

Jeden Herbst lädt der Drachenclub Waldhessen auf eine Wiese in der Nähe von Bebras Ortsteil Iba zum Drachenfest ein. Beim Schaufliegen historischer Drachen schlagen nicht nur Kinderherzen höher. Wettbewerbe mit japanischen Kampfdrachen, Entenrennen für Kinder mit Windsäcken in Entenform und eine Nachtflugshow stehen auf dem Programm. Doch jeder kann auch seinen eigenen Drachen steigen lassen, und wer noch keinen hat, kann ihn vor Ort kaufen oder auf einer Auktion ersteigern.

Informationen über Termine und Programm gibt es beim:
Drachenclub Waldhessen
Karl-Ulrich Körtel
Beethovenstraße 13
36199 Rotenburg a. d. Fulda
Tel.: 0 66 23-91 93 76
E-Mail: rabe.rudi@gmx.de
Internet: www.raberudi.com

Restaurants, Gaststätten, Kneipen

Um nur einige Betriebe des vielfältigen Angebots in dieser Rubrik zu nennen, finden Sie hier eine Auswahl:

ALHEIM

Alheimer Hütte
Weidentalstraße 6
36211 Alheim-Hergershausen
Tel.: 0 66 23-58 95 oder 91 69 96
Fax: 0 66 23-91 69 96
Mobil: 01 70-2 11 99 52
E-Mail: info@alheimer-huette.de

Gaststätte am Gänsemarkt
Kirchstraße 1, 36211 Alheim
Tel.: 0 56 64-93 06 90
Fax: 0 56 64-93 06 92

BAD HERSFELD

Abtschlösschen
Im Stift 11, 36251 Bad Hersfeld

Altes Brauhaus
Kirchplatz 9, 36251 Bad Hersfeld
Tel.: 0 66 21-64 04 70
Fax: 0 66 21-65 07 91
E-Mail: info@brauhaus-hersfeld.de
Internet: www.brauhaus-hersfeld.de

Buchcafé
(Vielfältiges Kleinkunstprogramm)
Badestube 20, 36251 Bad Hersfeld
Tel.: 0 66 21-7 96 54 85
Internet: www.buchcafe-badhersfeld.de

Das Bootshaus
Restaurant – Bar – Lounge
Auf der Unteraue 1, 36251 Bad Hersfeld
Tel.: 0 66 21-7 96 98 33
Fax: 0 66 21-7 96 98 35
Internet: www.das-bootshaus.de

Gasthaus Glebe
Asbacher Straße 1
36251 Bad Hersfeld-Kohlhausen
Tel.: 0 66 21-7 45 58

Gasthof Herzog
Alsfelder Straße 50
36251 Bad Hersfeld-Asbach
Tel.: 0 66 21-1 56 91
Fax: 0 66 21-91 47 45

Gasthof und Café Eichhof
Breslauer Straße 12, 36251 Bad Hersfeld
Tel.: 0 66 21-26 82, Fax: 0 66 21-26 82
E-Mail: info@gaststaette-eichhof.de
Internet: gaststaette-eichhof.de

Hotel Wenzel
Nachtigallenstraße 3
36251 Bad Hersfeld
Tel.: 0 66 21-9 22 00, Fax: 0 66 21-5 11 16
E-Mail: hotel-wenzel@web.de
Internet: www.gourmetguide.com/
hotelrestaurant_cafe_wenzel

Klosterschänke Johannesberg
Inhaberin Annemarie Bommer
Zur Klosterschänke 1
36251 Bad Hersfeld
Tel.: 0 66 21-6 31 11
Fax: 0 66 21-96 82 34
E-Mail: klosterschaenke1@aol.com
Internet:
www.klosterschaenke-bad-hersfeld.de

Newscafé
Linggplatz 17, 36251 Bad Hersfeld
Tel.: 0 66 21-91 47 47
Fax: 0 66 21-91 47 48
E-Mail: info@news-cafe.info
Internet: www.newscafe-hef.de

Ratskeller
Weinstraße 16, 36251 Bad Hersfeld
Tel.: 0 66 21-79 65 55
Fax: 0 66 21-79 65 78
E-Mail: www.ratskellerhef@aol.com
Internet: www.ratskeller-badhersfeld.de

Romantik-Hotel zum Stern
Linggplatz 11, 36251 Bad Hersfeld,
Tel.: 0 66 21-18 90
Fax: 0 66 21-18 92 60
E-Mail: info@ZumSternHersfeld.de
Internet: www.zumsternhersfeld.de

Sportlereck
Linggplatz 5, 36251 Bad Hersfeld
Tel.: 0 66 21-6 51 51

Waldhotel Glimmesmühle
Homberger Straße 172 c
36251 Bad Hersfeld
Tel.: 0 66 21-30 81, Fax: 0 66 21-7 55 74
E-Mail: hotel-glimmesmuehle@t-online.de
Internet: www.glimmesmuehle.de

Restaurants, Gaststätten, Kneipen

BEBRA

„Die Linde“
Familie Kemmerzehl
Lindenstraße 3, 36179 Bebra-Weiterode
Tel.: 0 66 22-42 05 75
Fax: 0 66 22-42 05 76
E-Mail: dielinde@dielinde.de
Internet: www.dielinde.de

Friedrichshütte
Friedrichshütte 1, 36179 Bebra-Iba
Tel.: 0 66 22-73 02 oder
01 73-9 92 70 51
E-Mail:
restaurant@friedrichshuette-iba.de
Internet: www.friedrichshuette-iba.de

Hotel Restaurant Bebra's Hessischer Hof
Kasseler Straße 4, 36179 Bebra
Tel.: 0 66 22-93 60
Fax: 0 66 22-93 61 23
E-Mail: hotel@bebras-hessischer-hof.de
Internet: www.bebras-hessischer-hof.de

Hotel Restaurant Röse
Hersfelder Straße 1, 36179 Bebra
Tel.: 0 66 22-93 90
Fax: 0 66 22-93 93 93

Hotel Sonnenblick
Haus Sonnenblick 1
36179 Bebra-Weiterode
Tel.: 0 66 22-93 10, Fax: 0 66 22-93 11 00
E-Mail: hotel@sonnenblick.de
Internet: www.sonnenblick.de

Landgasthaus Breitenbacher Hof
Hersfelder Straße 116, 36179 Bebra
Tel.: 0 66 22-71 52
Fax: 0 66 22-91 79 05
E-Mail: harald.doettger@t-online.de

BREITENBACH A. HERZBERG

Burgschänke Burg Herzberg
Burg Herzberg
36287 Breitenbach a. Herzberg
Tel.: 0 66 75-91 88 80
Fax: 0 66 75-91 88 82
E-Mail: info@herzbergschaenke.de
Internet: www.herzbergschaenke.de

Landgasthof Jossatal
Hersfelder Straße 10
36287 Breitenbach a. Herzberg-Oberjossa
Tel.: 0 66 75-2 27, Fax: 0 66 75-15 89
E-Mail: kochoberjossa@t-online.de
Internet: www.jossatal.de

CORNBERG

Kloster Cornberg
Pächter Rolf W. Behrend
Am Steinbruch 1, 36219 Cornberg
Tel.: 0 56 50-9 69 60
Fax: 0 56 50-96 96 22
E-Mail: info@kloster-cornberg.de
Internet: www.kloster-cornberg.de

FRIEDEWALD

Chai-Yo Thai Restaurant
Höhnebacher Straße 16 a
36289 Friedewald
Tel.: 0 66 74-9 18 07 08
Fax: 0 66 74-91 86 62
Internet: www.chai-yo.de

Gasthaus und Hotel am Dreienberg
Familie Emmerich
Hauptstraße 5, 36289 Friedewald
Tel.: 0 66 74-9 22 70
Fax: 0 66 74-92 27 27
Internet: www.am-dreienberg.de

Hotel-Restaurant „Zum Löwen"
Hauptstraße 17, 36289 Friedewald
Tel.: 0 66 74-9 22 20, Fax: 0 66 74-92 22 59
E-Mail: info@zum-loewen-friedewald.de
Internet: www.zum-loewen.de

Göbel's Schlosshotel „Prinz von Hessen"
Schlossplatz 1, 36289 Friedewald
Tel.: 0 66 74-9 22 40
Fax: 0 66 74-9 22 42 50
E-Mail: info@goebels-schlosshotel.de
Internet: www.goebels-schlosshotel.de

Scheer's Bistro & Catering
Im Gewerbegebiet 16, 36289 Friedewald
Tel.: 0 66 74-90 03 58
Fax: 0 66 74-90 03 60
Internet: www.scheers-kueche.de

HAUNECK

Vollmarsburg
Hilde und Heinz Rüger
Zur Burg 50, 36282 Hauneck-Rotensee
Tel.: 0 66 21-1 55 46

„Landgasthof Wiegand"
Rhönstraße 39, 36282 Hauneck-Eitra
Tel.: 0 66 21-28 84, Fax: 0 66 21-1 37 13

Restaurants, Gaststätten, Kneipen

HAUNETAL

Bürgerstuben
Hohenwehrdaer Straße 22
36166 Haunetal-Wehrda
Tel.: 0 66 73-17 80 oder 0 66 73-9 19 31
Fax: 0 66 73-91 93 11
E-Mail: ferienparkwehrda@aol.com
Internet: www.ferienpark-wehrda.de

Café Gänsehöfchen
Magarethe Brehm
Hardstraße 4
36166 Haunetal-Oberstoppel
Tel.: 0 66 73-91 92 49
Fax: 0 66 73-81 13
E-Mail: kontakt@gaensehoefchen.de
Internet: www.gaensehoefchen.de

KulturScheune Lange Wiese e.V. /
Mehrgenerationenhaus Haunetal
Auf der Langen Wiese 1
36166 Haunetal-Wehrda
Tel.: 0 66 73-6 13 oder 91 92 40
Fax: 0 66 73-91 92 41
E-Mail: kontakt@kulturscheune.net
Internet: www.kulturscheune.net

HERINGEN

„Zum Geleucht"
Obere Goethe Straße 17 a
36266 Heringen
Tel.: 0 66 24-78 22
E-Mail: info@zumgeleucht.de
Internet: www.zumgeleucht.de

HOHENRODA

Sportgasthof Deis
Inh. Tobias Deis
Ausbacher Straße 23
36284 Hohenroda-Ransbach
Tel.: 0 66 29-9 20 00
Fax: 0 66 29-92 00-99
E-Mail: DeisSportgasthof@t-online.de

KIRCHHEIM

Motel Roadhouse Kirchheim
Motelstraße 5, 36275 Kirchheim
Tel.: 0 66 25-10 80
Fax: 0 66 25-86 56
E-Mail: info@roadhouse.bestwestern.de
Internet: www.roadhouse-kirchheim.de

Scheune an der Aula
Im Wiesental 19, 36275 Kirchheim
Tel.: 0 66 25-51 28 oder 0 66 28-76 24
Fax: 0 66 25-58 22
Internet: www.cafe-museum-scheune-an-der-aula.de

LUDWIGSAU

Bürgerstuben
Schultraße 1 a, 36251 Ludwigsau-Friedlos
Tel.: 0 66 21-79 53 4
Fax: 0 66 21-79 89 57
E-Mail: hotel-wenzel@web.de
Internet: www.buergerstubenfriedlos.de

Gaststätte „Zum Weißen Rössl“
Grüner Weg 2
36251 Ludwigsau-Mecklar
Tel.: 0 66 21-1 44 41
Fax: 0 66 21-1 44 48
E-Mail: zum-weissen-roessl@gmx.de
Internet:
www.zum-weissen-roessl-haeslein.de

Tanner Hof
Rohrbacher Straße 2
36251 Ludwigsau-Tann
Tel.: 0 66 21-7 64 13
Fax: 0 66 21-7 78 30
E-Mail: info@tanner-hof.de
Internet: www.tanner-hof.de

NENTERSHAUSEN

Johanneshof Restaurant und Pension
Kupferstraße 24, 36214 Nentershausen
Tel.: 0 66 27-9 20 00
Fax: 0 66 27-92 00 99
E-Mail:
wagner@sporthotel-johanneshof.de
Internet:
www.sporthotel-johanneshof.de

Nocken's Restaurant
Hinter der Gasse 10
36214 Nentershausen-Süß
Tel.: 0 66 27-4 95, Fax: 0 66 27-4 96
E-Mail: info@nockens.de
Internet: www.nockens.de

Restaurants, Gaststätten, Kneipen

NEUENSTEIN

Landgasthof Hess
Geistalstraße 8, 36286 Neuenstein-Aua
Tel.: 0 66 77-9 20 80
Fax: 0 66 77-13 22
E-Mail: hotel-hess@t-online.de
Internet: www.landgasthof-hess.de

Landgasthof Hotel Will
Am Sportplatz 1
36286 Neuenstein-Untergeis
Tel.: 0 66 21-1 53 44
Fax: 0 66 21-7 88 97
E-Mail:
landgasthof-hotel-will@t-online.de
Internet: www.landgasthof-will.de

NIEDERAULA

Gasthaus „Zum Alten Forsthaus"
Haupstraße 15, 36272 Niederaula
Tel.: 0 66 25-17 17
Fax: 0 66 25-18 11
Internet: www.forsthaus-niederaula.de

Hotel und Restaurant „Schlitzer Hof"
Haupstraße 1, 36272 Niederaula
Tel.: 0 66 25-33 41
Fax: 0 66 25-33 55
E-Mail: info@schlitzer-hof.de
Inernet: www.schlitzer-hof.de

PHILIPPSTHAL

Klosterkeller
Im Schloss 1, 36269 Philippsthal
Tel.: 0 66 20-85 20
Fax: 0 66 20-64 08 10

RONSHAUSEN

Gashof „Zur Krone"
Kasseler Straße 5, 36217 Ronshausen
Tel.: 0 66 22-72 11
Fax: 0 66 22-91 85 53
E-Mail: info@restaurant-zur-krone.de
Internet: www.restaurant-zur-krone.de

ROTENBURG AN DER FULDA

Enjoy-Hotel Landhaus Silbertanne
Am Wäldchen 2
36199 Rotenburg a. d. Fulda
Tel.: 0 66 23-9 22 00
Fax: 0 66 23-92 20 99
E-Mail: nm@enjoyhotels.de
Internet: www.enjoyhotels.de

Gasthaus „Dietz“
Nürnberger Straße 39
36199 Rotenburg-Lispenhausen
Tel.: 0 66 23-24 48

Gasthof „Goldener Löwe“
Steinweg 26
36199 Rotenburg a. d. Fulda
Tel.: 0 66 23-9 15 59 10
Fax: 0 66 23-9 15 59 11
Internet: www.goldener-loewe-rof.de

Gaststätte „Zur Gerichtsschänke“
Breitenstraße 2
36199 Rotenburg a. d. Fulda
Tel.: 0 66 23-91 22 92

Gaststätte „Zur Schlossklause“
Am Schlosstor 4
36199 Rotenburg a. d. Fulda
Tel.: 0 66 23-27 31

Göbel's Hotel Rodenberg und
Göbel's Hotel Arena
Heinz-Meise-Straße 98
36199 Rotenburg a. d. Fulda
Tel.: 0 66 23-88 11 00
Fax: 0 66 23-88 84 10
E-Mail: info@goebels-rodenberg.de
Internet: www.goebels-rodenberg.de

Gutsherrenklause
auf dem Gut Dankerode
Inhaber Anett Kleinefeld
Stölzinger Straße 2
36199 Rotenburg-Dankerode
Tel.: 0 66 23-4 44 34
Fax: 0 66 23-9 15 00 77
E-Mail: service@gutsherrn-klause.de
Internet: www.gutsherrn-klause.de

Hotel-Restaurant „Heienbach-Ruh“
Im Heienbach 68
36199 Rotenburg a. d. Fulda
Tel.: 0 66 23-72 68
Fax: 0 66 23-4 14 60
www.hotel-heienbach.de

Restaurants, Gaststätten, Kneipen

Landhotel und Restaurant
„Gutsherrn-Klause"
Stölzinger Straße 2
36199 Rotenburg-Dankerode
Tel.: 0 66 23-9 15 00 77

Posthotel Rotenburg
Poststraße 20
36199 Rotenburg a. d. Fulda
Tel.: 0 66 23-93 10
Fax: 0 66 23-93 14 15
E-Mail: info@posthotel-rotenburg.de
Internet: www.posthotel-rotenburg.de

Restaurant „Lotusblume"
Marktplatz 6
36199 Rotenburg a. d. Fulda
Tel.: 0 66 23-68 91

Restaurant „Rialto"
Altstadtstraße 1 b
36199 Rotenburg a. d. Fulda
Tel.: 0 66 23-59 85

Restaurant „Shang-Hai"
Steinweg 12
36199 Rotenburg a. d. Fulda
Tel.: 0 66 23-91 59 15

Schlossristorante „Esposito"
Im Schlosspark
36199 Rotenburg a. d. Fulda
Tel.: 0 66 23-91 29 71

Taverna „Thessaloniki"
Weingasse 11
36199 Rotenburg a. d. Fulda
Tel.: 0 66 23-66 03

Waldgasthof Guttels – Hotel-Restaurant
Hof Guttels 1
36199 Rotenburg-Hergershausen
Tel.: 0 66 23-9 23 40
Fax: 0 66 23-92 34 19

Wein- und Schmankerlstube
„Gänseliesel"
Scheunengasse 6
36199 Rotenburg a. d. Fulda
Tel.: 0 66 23-22 22
Fax: 0 66 23-91 84 34

Verkehrs- und Kulturamt Rotenburg/F.
Weingasse 3
36199 Rotenburg a. d. Fulda
Tel.: 0 66 23-55 55
Fax: 0 66 23-93 31 53
E-Mail: verkehrsamt@rotenburg.de
Internet: www.rotenburg.de

SCHENKLENGSFELD

Reiterschänke Schenksolz

Reiterschänke in der Reitanlage Weitz, Burkhard Weitz
Im Kessel
36277 Schenklengsfeld-Schenksolz
Tel.: 0 66 29-91 97 11 oder 91 97 12
Fax: 0 66 29-91 97 13
E-Mail: info@reitanlage-weitz.de
Internet: www.reitanlage-weitz.de

Restaurant „Zur Linde“

An der Linde 11, 36277 Schenklengsfeld
Tel.: 0 66 29-3 59
Fax: 0 66 29-75 67
E-Mail: info@geheb.de
Internet: www.geheb.de

Tafelhaus Steinhauer

Hersfelder Straße 8
36277 Schenklengsfeld
Tel.: 0 66 29-2 22
Fax: 0 66 29-72 33
E-Mail: info@tafelhaus-steinhauer.de
Internet: www.tafelhaus-steinhauer.de

WILDECK

Gasthaus „Zur Singenden Wirtin“

Streinkaute 7, 36208 Wildeck-Richelsdorf
Tel.: 0 66 26-73 52
Fax: 0 66 26-91 95 88
E-Mail: kontakt@Erika-singende-Wirtin-Wildeck.de
Internet:
www.erika-singende-wirtin-wildeck.de

Hotel Thüringer Hof

Kupferstraße 14
36208 Wildeck-Richelsdorf
Tel.: 0 66 26-5 82
Fax: 0 66 26-14 35
E-Mail: info@thueringer-hof-wildeck.de
Internet: www.thueringer-hof-wildeck.de

Zum Adler

Gasthof und Fleischerei „Zum Adler“
Inhaber: Andreas Reiter
Lindenstraße 41
36208 Wildeck-Obersuhl
Tel.: 0 66 26-3 43
Fax: 0 66 26-71 47
E-Mail: reiter.andreas@t-online.de
Internet:
www.reiter-fleischerei-gasthaus.de

Übernachtungen

ALHEIM

Gasthaus Kambach
Zur Kirche 1
36211 Alheim-Oberellenbach
Tel. und Fax: 0 56 64-83 82
E-Mail: MKambach@aol.com

Kirchhof
An der Kirche 6
36211 Alheim-Oberellenbach
Tel.: 0 56 64-17 98
Fax: 0 56 64-69 77
E-Mail: info@kirchhof-oberellenbach.de
Internet: www.kirchhof-oberellenbach.de

Ökologisches Schullandheim Licherode
Lindenstraße14, 36211 Alheim
Tel.: 0 56 64-94 86-0
Fax: 0 56 64-94 86-40
E-Mail: oekonetz.licherode@t-online.de
Internet: www.oekonetz-licherode.de

Pension Hofmann
Eisfeldstraße 12
36211 Alheim-Heinebach
Tel.: 0 56 64-83 26
Internet: www.pensionhofmann.de

BAD HERSFELD

Hotel am Klausturm
Friedloser Straße 1, 36251 Bad Hersfeld
Tel.: 0 66 21-50 96-0
Fax: 0 66 21-50 96-10
E-Mail: klausturm@hotel-mainstreet.de
Internet:
www.klausturm.hotel-mainstreet.de

Hotel am Kurpark
Am Kurpark 19 – 21, 36251 Bad Hersfeld
Tel.: 0 66 21-1 64-0
Fax: 0 66 21-1 64-7 10
E-Mail:
info@kurparkhotel-badhersfeld.de
Internet:
www.kurparkhotel-badhersfeld.de

Hotel-Gasthof Jägerhof
Homberger Straße 93
36251 Bad Hersfeld
Tel.: 0 66 21-38 10
Fax: 0 66 21-79 59 71
E-Mail:
info@hotel-jaegerhof-badhersfeld.de
Internet:
www.hotel-jaegerhof-badhersfeld.de

Hotel Haus am Park

Am Hopfengarten 2, 36251 Bad Hersfeld
Tel.: 0 66 21-9 26 20
Fax: 0 66 21-92 62 30
E-Mail: info@hotel-hausampark.de
Internet: www.hotel-hausampark.de

Hotel Wenzel

Nachtigallenstraße 3, 36251 Bad Hersfeld
Tel.: 0 66 21-9 22 00
Fax: 0 66 21-5 11 16
E-Mail: hotel-wenzel@web.de
Internet: www.hotel-wenzel.de

Romantik-Hotel Zum Stern

Linggplatz 11, 36251 Bad Hersfeld,
Tel.: 0 66 21-18 90
Fax: 0 66 21-18 92 60
E-Mail: info@ZumSternHersfeld.de
Internet: www.zumsternhersfeld.de

Hotelpension Vitalis

Lüberitzstraße 37, 36251 Bad Hersfeld
Tel.: 0 66 21-9 29 20
Fax: 0 66 21-92 92 15
E-Mail: info@hotelpension-vitalis.de
Internet: www.hotelpension-vitalis.de

Waldhotel Glimmesmühle

Homberger Straße 172 c
36251 Bad Hersfeld
Tel.: 0 66 21-30 81
Fax: 0 66 21-30 82
E-Mail: hotel@glimmesmuehle.de
Internet: www.glimmesmuehle.de

BEBRA

Hotel Sonnenblick

Haus Sonnenblick 1
36179 Bebra-Weiterode
Tel.: 0 66 22-93 10
Fax: 0 66 22-9 3-1 00
E-Mail: hotel@sonnenblick.de
Internet: www.sonnenblick.de

Wohnmobilstellplatz mit Ver- und Entsorgung, ca. 10 Stellplätze in Bebra am Breitenbacher See. Direkt an der B27 Abfahrt Bebra-Süd gelegen, ist der Badesee problemlos zu erreichen. Weitere Infors bei:

Touristik-Service Bebra

Rathausmarkt 1, 36179 Bebra
Tel.: 0 66 22-50 11 39

Übernachtungen

BREITENBACH A. HERZBERG

Campingplatz am Silbersee

36287 Breitenbach a. Herzberg
Tel.: 0 66 75-5 51
Fax: 0 66 75-5 52
E-Mail:
sekretariat@breitenbach-am-herzberg.de
Internet: www.silbersee.net

Landgasthof Jossatal

Hersfelder Straße 10
36287 Breitenbach a. Herzberg-Oberjossa
Tel.: 0 66 75-2 27
Fax: 0 66 75-15 89
E-Mail: kochoberjossa@t-online.de
Internet: www.jossatal.de

CORNBERG

Hotel-Restaurant Kloster Cornberg

Am Steinbruch 1, 36219 Cornberg
Tel.: 0 56 50-96 96-0
Fax: 0 56 50-96 96-22
E-Mail: info@kloster-cornberg.de
Internet: www.kloster-cornberg.de

FRIEDEWALD

Göbel's Schlosshotel „Prinz von Hessen“

Schlossplatz 1, 36289 Friedewald
Tel.: 0 66 74-9 22 40
Fax: 0 66 74-9 22 42 50
E-Mail: info@goebels-schlosshotel.de
Internet: www.goebels-schlosshotel.de

Hotel am Dreienberg

Hauptstraße 3 – 5, 36289 Friedewald
Tel.: 0 66 74-9 22 70
Fax: 0 66 74-92 27-27
Internet: www.am-dreienberg.de

Hotel Zum Löwen

Hauptstraße 17, 36289 Friedewald
Tel.: 0 66 74-9 22 20
Fax: 0 66 74-92 22 59
E-Mail: info@zum-loewen-friedewald.de
Internet: www.zum-loewen.de

HAUNECK

Gasthof Sandlos

Hauptstraße 10, 36282 Hauneck
Tel. und Fax: 0 66 21-25 24
E-Mail: mail@gasthof-sandlos.de
Internet: www.gasthof-sandlos.de

„Landgasthof Wiegand“
Rhönstraße 39, 36282 Hauneck-Eitra
Tel.: 0 66 21-28 84
Fax: 0 66 21-1 37 13

HAUNETAL

Ferienpark bei Wehrda
Hohenwehrdaer Straße 22
36166 Haunetal-Wehrda
Tel.: 0 66 73-17 80 oder
0 66 73-91 93 10
Fax: 0 66 73-91 93 11
E-Mail: ferienparkwehrda@aol.com
Internet: www.ferienpark-wehrda.de

Ferien- und Gästehaus Schullandheim „Villa Phantasia“
Burgstraße 28
36166 Haunetal-Oberstoppel
Tel.: 0 66 73-91 91 87
Fax: 0 66 73-91 99 34
E-Mail: info@villa-phantasia.de
Internet: www.villa-phantasia.de

Haunehof, Fam. Wörndl
Kirchberg 8, 36166 Haunetal-Neukirchen
Tel.: 0 66 73-2 58 oder 91 91 14
Fax: 0 66 73-82 40
E-Mail: haunehof@haunehof.de
Internet: www.haunehof.de

HERINGEN

Gästehaus Heike Mäder Trieschmann
Hersfelder Straße 13, 36266 Heringen
Tel.: 0 66 24-4 23, Fax: 0 66 24-66 60

Hotel Gunkel
Wagnerstraße 6, 36266 Heringen
Tel.: 0 66 24-3 90, Fax: 0 66 24-71 82
E-Mail: hotel-gunkel@t-online.de

Pension „Alt Heringen“
Fuldische Aue 7, 36266 Heringen
Tel.: 0 66 24-91 93 30
Fax: 0 66 24-91 93 32

Übernachtungen

HOHENRODA

Hessen Hotelpark Hohenroda

Schwarzengrunder Straße 9
36284 Hohenroda-Oberbreizbach
Tel.: 0 66 76-1 81, Fax: 0 66 76-14 87
E-Mail: hohenroda@web.de
Internet: www.tagungshotel.com

Sportgasthof Deis

An der Sporthalle
36284 Hohenroda-Ransbach
Tel.: 0 66 29-9 20 00
Fax: 0 66 29-92 00 99
E-Mail: deissportgasthof@t-online.de

KIRCHHEIM

Best Western Roadhouse Kirchheim

Motelstraße 5, 36275 Kirchheim
Tel.: 0 66 25-10 80
Fax: 0 66 25-86 56
E-Mail: info@roadhouse.bestwestern.de
Internet: www.roadhouse-kirchheim.de

Campingplätze

Brunnenstraße 20 – 25, 36275 Kirchheim
Tel.: 0 66 28-10 49 u. 15 25
Fax: 0 66 28-86 64
E-Mail: info@campseepark.de
Internet: www.campseepark.de

Hotel Eisenberg

Auf dem Eisenberg 1
36275 Kirchheim-Willingshain
Tel.: 0 66 77-93 30, Fax: 0 66 77-93 33 33
Internet: www.hotel-eisenberg.de

Meirotels-Seepark, Hotel und Ferienhäuser

36275 Kirchheim
Tel.: 0 66 28-8 80, Fax: 0 66 28-8 81 19
E-Mail: info@meirotels-seepark.de
Internet: www.meirotels-seepark.de

NENTERSHAUSEN

Feriendorf Nentershausen

Am Weinberg 26, 36214 Nentershausen
Tel.: 0 66 27-2 12
Fax: 0 66 27-91 54 58
E-Mail: info@feriendorf-burgensteig.de
Internet:
www.feriendorf-nentershausen.de

300-jähriger Gutshof der Familie von Baumbach
Gutsstraße 8, 36214 Nentershausen
Tel.: 0 66 27-5 53, Fax: 0 66 27-86 24
E-Mail: mail@gutshof-baumbach.de
Internet: www.von-baumbach.de

NEUENSTEIN

Gasthaus Hofman
Hersfelderstraße 8
36286 Neuenstein-Raboldshausen
Tel.: 0 66 77-3 30, Fax: 0 66 77-91 89 66
E-Mail: info@gasthaus-hofmann.de
Internet: www.gasthaus-hofmann.de

Gasthof „Zur Traube"
Raiffeisenstraße 7
36286 Neuenstein-Obergeis
Tel.: 0 66 77-7 59 , Fax: 0 66 77-84 88

Hotel Pension Waldblick
Hälganser Straße 45
36286 Neuenstein-Gittersdorf
Tel.: 0 66 21-4 00 80 oder 36 13
Fax: 0 66 21-40 08 20
E-Mail: info@hotel-pension-waldblick.de
Internet:
www.hotel-pension-waldblick.de

Landgasthof Hess
Geistalstraße 8, 36286 Neuenstein-Aua
Tel.: 0 66 77-9 20 80, Fax: 0 66 77-13 22
E-Mail: hotel-hess@t-online.de
Internet: www.landgasthof-hess.de

Landgasthof-Hotel Will
36286 Neuenstein-Untergeis
Tel. und Fax: 0 66 21-1 53 44 oder
Tel. und Fax: 0 66 21-7 88 97

Pension Schmidt
Schulstraße 21
36286 Neuenstein-Obergeis
Tel.: 0 66 77-2 73, Fax: 0 66 77-9 18 00 64
E-Mail: geastehaus-schmidt@web.de

NIEDERAULA

Ferienbauernhof und Heuhotel
Familie Birgit und Heinrich Eckhardt
Jossastraße 7
36272 Niederaula-Niederjossa
Tel.: 0 66 25-18 61
Fax: 0 66 25-9 15 00 90
E-Mail:
Ferienhof_Heuhotel_Eckhardt@t-online.de
Internet: www.heubett.com

Übernachtungen

OBERAULA

Hotel „Zum Stern"
Hersfelder Straße 1, 36280 Oberaula
Tel.: 0 66 28-92 02 0
Fax: 0 66 28-92 02 35
E-Mail: info@hotelzumstern.de
Internet: www.hotelzumstern.de

PHILIPPSTHAL

Hotel am Salzberg
Hattorfer Straße 60, 36269 Philippsthal
Tel.: 0 66 20-9183-0
Fax: 0 66 20-91 83 20
E-Mail: info@hotel-am-salzberg.de
Internet: www.hotel-am-salzberg.de

RONSHAUSEN

Ferienpark Ronshausen – Vermietung von Ferienhäusern eG
Bellersberg 11, 36217 Ronshausen
Tel.: 0 66 78-7 12
E-Mail: info@ferienpark-ronshausen.de
Internet: www.ferienpark-ronshausen.de

ROTENBURG AN DER FULDA

BKK Akademie-Seminar- u. Tagungshotel
Am Alten Feld 30
36199 Rotenburg a. d. Fulda
Tel.: 0 66 23-84-0, Fax: 0 66 23-84-31 92
E-Mail: hotel@bkk-akademie.de
Internet: www.bkk-akademie.de

Campingplatz Rotenburg a. d. Fulda
Campingweg
36199 Rotenburg a. d. Fulda
Saisonöffnung: Karfreitag bis Oktober
Tel.: 0 66 23-55 56, Fax: 0 66 23-93 31 63

Enjoy-Hotel Landhaus Silbertanne
Am Wäldchen 2
36199 Rotenburg a. d. Fulda
Tel.: 0 66 23-92 20-0
Fax: 0 66 23-92 20 99
E-Mail:
landhaus-silbertanne@enjoyhotels.de
Internet: www.enjoyhotels.de/rotenburg

Gasthaus „Goldener Löwe"
Michael de Marchi
Steinweg 26
36199 Rotenburg a. d. Fulda
Tel.: 0 66 23-9 15 59 10
Fax: 0 66 23-9 15 59 11

E-Mail: info@goldener-loewe-rof.de
Internet: www.goldener-loewe-rof.de

Gasthaus „Hof Guttels"
Thomas Talabudsinow
Hof Guttels; 36199 Rotenburg a. d. Fulda
Tel.: 0 66 23-9 15 67 22
E-Mail: bo_czek@yahoo.de

Göbel's Hotel Rodenberg
Heinz-Meise-Straße 98
36199 Rotenburg a. d. Fulda
Tel.: 0 66 23-88 11 00
Fax: 0 66 23-88 84 10
E-Mail: info@goebels-rodenberg.de
Internet: www.goebels-rodenberg.de

Jugendherberge
Obertor 17, 36199 Rotenburg a. d. Fulda
Tel.: 0 66 23-27 92
Fax: 0 66 23-4 31 77
E-Mail: info@djh-hessen.de
Internet: www.djh-hessen.de oder
www.rotenburg.jugendherberge.de

Landgasthof „Gutsherrn-Klause"
Anett Kleinefeld
Stölzinger Straße 2
36199 Rotenburg-Dankerode
Tel.: 0 66 23-4 44 34
Fax: 0 66 23-9 15 00 77
E-Mail: service@gutsherrn-klause.de
Internet: www.gutsherrn-klause.de

Posthotel Rotenburg
Poststraße 20
36199 Rotenburg a. d. Fulda
Tel.: 0 66 23-93 10
Fax: 0 66 23-93 14 15
E-Mail: info@posthotel-rotenburg.de
Internet: www.posthotel-rotenburg.de

In der Stadt Rotenburg a. d. Fulda und den dazugehörigen Stadtteilen finden Sie Ferienwohnungen und Ferienhäuser in verschiedenen Ausstattungen.

Auskunft: Verkehrs- und Kulturamt Rotenburg a. d. Fulda
Weingasse 3
36199 Rotenburg a. d. Fulda
Tel.: 0 66 23-55 55
Fax: 0 66 23-93 31 53

Ein Wohnmobilpark mit ca. 40 kostenlosen Stellplätzen im hinteren Bereich der Park & Ride-Anlage am Bahnhof macht Rotenburg a. d. Fulda zu einem Mekka für Wohnmobilisten.

Wichtige Adressen

TOURISTIK-INFORMATIONEN

Tourist-Information Bad Hersfeld &
Kartenzentrale Festspiele Bad Hersfeld
Am Markt 1, 36251 Bad Hersfeld
Tel.: 0 66 21-20 12 74
Fax: 0 66 21-20 12 44
E-Mail: touristikinfo@bad-hersfeld.de
Internet: www.bad-hersfeld.de

Kurbad Therme
Am Kurpark 10, 36251 Bad Hersfeld
Tel.: 0 66 21-7 95 09 10
Fax: 0 66 21-7 95 09 21
E-Mail: info@kurbad-therme.de
Internet: www.kurbad-therme.de

Wirtschaftsförderungsgesellschaft für
den Landkreis Hersfeld-Rotenburg mbH
Geschäftsführer: Erhard Berleth
Leinenweberstraße 1
36251 Bad Hersfeld
Tel.: 0 66 21-94 41 10
Fax: 0 66 211-94 41 01
E-Mail: buero@wfg-hef-rof.de
Internet: www.wfg-hef-rof.de

Nordhessen Touristik GmbH
Ständeplatz 13, 34117 Kassel
Tel.: 05 61-9 70 62 00
Fax: 05 61-9 70 62 22
E-Mail: info@nordhessen.de
Internet: www.nordhessen.de

Tourismusservice Rotkäppchenland e.V.
Haupstraße 2 a, 36275 Kirchheim
Tel.: 0 66 25-91 95 97
Fax: 0 66 25-91 95 96
E-Mail: h.englisch@rotkaeppchenland.de
Internet: www.rotkaeppchenland.de

Tourismus-Service Erlebnisregion
Mittleres Fuldatal e.V.
Weingasse 3
36199 Rotenburg a. d. Fulda
Tel.: 0 66 23-55 55
Fax: 0 66 23-93 31 53
E-Mail: info@mittleres-fuldatal.de
Internet: www.mittleres-fuldatal.de

Werra-Kalibergbau-Museum
Dickesstraße 1, 36266 Heringen
Tel.: 0 66 24-91 94 13
Fax: 0 66 24-91 94 14
E-Mail: info@kalimuseum.de
Internet: www.kalimuseum.de

Werratal Touristik e.V.
Am Flößrasen 1, 36433 Bad Salzungen
Tel.: 0 36 95-69 34 20
Fax. 0 36 95-69 34 21
E-Mail: info@werratal.de
Internet: www.werratal.de

KRANKENTRANSPORTE DRK

36251 Bad Hersfeld
Tel.: 0 66 21-1 92 22

NOTRUF POLIZEIDIREKTION BAD HERSFELD

Tel.: 0 66 21-93 20

NOTRUF POLIZEIDIREKTION ROTENBURG A. D. FULDA

Tel.: 0 66 23-93 70

KRANKENHÄUSER

Klinikum Bad Hersfeld
Seilerweg 29
36251 Bad Hersfeld
Tel.: 0 66 21-8 80

Kreiskrankenhaus Rotenburg a. d. Fulda
Kratzberg 1
36199 Rotenburg a. d. Fulda
Tel.: 0 66 23-8 60
Fax: 0 66 23-86 15 03

Literatur- & Musiktipps

LITERATURTIPPS

Blicke über Waldhessen
Rundwanderungen mit Fernsicht von Karin und Werner Stein, Taschenbuch, Steiko Verlag, 80 Seiten, 12,95 €.
ISBN: 393-7-17430-3

Der Sonntag, an dem ich Weltmeister wurde
von Friedrich Christian Delius, Rowohlt-Taschenbuch, 6,95 €.
ISBN: 978-3-499-23659-4

Mein Jahr als Mörder
Roman von Friedrich Christian Delius, Rowohlt Verlag, 8,95 €.
ISBN: 978-3-499-23932-8

Die Frau, für die ich den Computer erfand
Das Buch handelt von einem imaginären Gespräch des Autors mit Konrad Zuse. Friedrich Christian Delius, Rowohlt Verlag, 19,90 €, ISBN: 978-3-871-34642-2

Canossa – Aus den geheimen Annalen des Lampert von Hersfeld
Roman von Frederik Berger, Aufbau Verlag, 9,95 €.
ISBN: 978-3-7466-2221-7

Nur mit Glück in Antiquariaten erhältlich:
Kulturgeschichte – Historische Stätten, Denkmäler, vergessene Orte und Museen im Kreis Hersfeld-Rotenburg
Barbara Händler-Lachmann (Hrsg.), Hessisches Institut für Lehrerfortbildung Außenstelle Bad Hersfeld.
ISBN: 398-0-48410-6

MUSIKTIPP

„Wunderweg und Weidenbaum"
Die CD „Wunderweg und Weidenbaum" mit Kinderliedern stellte der Kinderliedermacher Frederik Vahle im Sommer 2004 exklusiv für das Ökologische Schullandheim und Tagungshaus Licherode her. Dort kann sie bestellt werden und kostet 10,– € plus 2,– € Versandkosten.

Ökologisches Schullandheim u. Tagungshaus Licherode
Lindenstraße 14, 36211 Alheim
Tel.: 0 56 64-94 86-0
Fax: 0 56 64-94 86 40
E-Mail: oekonetz.licherode@t-online.de
Internet: www.oekonetz-licherode.de

Notizen

Register

A

Alheim 8
Angeln 162
Aulatal-Radweg 180
Ausbacher Rotapfel 60

B

Backhaus 67, 75, 131
Bad Hersfeld 12, 165
Bad Hersfelder Festspiele 18
Bauernbarock 120
Bauernhof 163
Bebra 24
Bergbaumuseum 202
Berger, Frederik 155
Bogenschießen 164
Bootsverleih 193
Breitenbach a. Herzberg 28
Burg Herzberg 124

C

Cornberg 30

D

DDR-Grenze 83, 138
Delius, Friedrich Christian 158
Drachen 213
Dreienberg 38
Duden, Konrad 152

E

Eichhof 15, 125
Eisenbahn, historische 169
Eisenbahnmuseum 199
Eisenberg 166
Eisenberg Siegelweg 75
Erlebnisbergwerk Merkers 137

F

Fachwerk 90, 130
Fahrrad-Verleih 176
Festspiele 18
Fliegen 186
Floßfahrt 165
Freytag, Holk 157
Friedewald 34
Fulda-Radweg 177
Führungen 165

G

Gärten 167
Geocaching 167
Golf 168
Grenzlehrpfad 140
Grenzmuseum 203
Groscurth, Georg 40, 149, 159

H

Hauneck 40
Haunetal 44

Haunetal-Radweg ... 180
Heimatmuseen ... 200
Heißluftballon ... 168
Heringen ... 50
Hessen-Extratour ... 88
Hohenroda ... 58

J
Jahnpark ... 169
Jazz ... 210
Jüdische Spuren ... 204, 207

K
Kali ... 50, 134, 201
Kanuverleih ... 170
Kerntäler ... 11
Kirchheim ... 62
Kloster Cornberg ... 30
Korbflechten ... 172
Kunst- und Karikaturen-Museum ... 204
Kupferschiefer-Bergbau ... 166
Kutschfahrten ... 172

L
Land der weißen Berge ... 51, 134
Laufen ... 172
Linde ... 96, 142, 144
Ludwigsau ... 66
Lullusfest ... 20
Luther, Martin ... 16, 90, 125
Lützelstrauch ... 11

M
Märkte ... 208
Minigolf ... 173
Mittelalter-Feste ... 208
Monte Kali ... 84, 134
Moor ... 46
Motorrad ... 150
Mountainbike ... 174
Museen ... 198

N
Nadelöhr ... 35
Naturschutzgebiete ... 11, 32, 38, 101
Nentershausen ... 70, 166
Neuenstein ... 74
Niederaula ... 78
Nordic Walking ... 173

O
Oldtimer ... 66

P
Philippsthal ... 82
Planwagen-Fahrten ... 181
Point Alpha ... 138
Puppen-Museum ... 206

Register / Top-10-Highlights

R

Radausflüge (geführt) 175
Reiten 182
Rhäden 101
Rockmusik-Festival 210
Ronshausen 86
Rotapfel 60
Rotenburg a. d. Fulda 90, 130, 166
Ruderboot-Verleih 193
Rundflüge 186

S

Sauna 190
Sandsteinmuseum 200
Schenklengsfeld 96
Schloss 124
Schmermund, Manuela 160
Schwimmen 188
Seepark Kirchheim 62,191
Segeln 186
Skifahren 196
Solztal-Radweg 180
Soisberg 59, 99
Spielzeug-Museum 199, 206
Sternwarte 187
Stiftsruine 12, 18

T

Tannenberg 70, 128
Tennis 191
Theater 18
Tischtennis 192
Tontaubenschießen 192
Top-10-Highlights 239
Töpfern 193
Traktor-Fahrten 192
Tretboot-Verleih 193

V

von Trott zu Solz, Adam 156

W

Wanderreiten 185
Wasserburg 34, 126
Wassermühle 68, 130
Wasser-Erlebnispfad 194
Wasserski 63
Weihnachtsmarkt 209
Werratal-Radweg 178
Wildeck 100
Wildecker Herzbuben 154
Wildparks 195
Wintersport 196

Z

Zuse, Konrad 153

REGISTER

Top-10-Highlights

1. Stiftsruine 12, 18
2. Kaliberg 50, 134, 201
3. Bauernbarock 120
4. Wasserburg Friedewald 34, 126
5. Burg Herzberg 124
6. Rotenburgs Fachwerk-Altstadt 166
7. Linde in Schenklengsfeld 142
8. DDR-Grenzanlagen:
   Gedenkstätten 138
9. Kloster Cornberg 30
10. Wanderungen:
    Eisenberg Siegelweg 75
    Hessen-Extratour 88

Notizen